Chris Hohlstamm von Dehnen zu Wendhausen

ERSTE HILFE FÜR DIE PARTNERSCHAFT

32 PRAKTISCHE TIPPS

um Konflikte in Partnerschaften sicher zu lösen ...

... damit Harmonie, Glück und Liebe
wieder sichtbar werden!

Impressum

© 2024 Christopher Hohlstamm von Dehnen zu Wendhausen

Rechtliches und Copyright:

Bibliografische Information der Deutschen Nationalbibliothek:
Die Deutsche Nationalbibliothek verzeichnet diese Publikation in der Deutschen Nationalbibliografie; detaillierte bibliografische Daten sind im Internet über http://dnb.dnb.de abrufbar.

Copyright © Mein Lebensfreudeverlag / Chris Hohlstamm von Dehnen zu Wendhausen
Alle Rechte vorbehalten.
Ausgabe: 1. Auflage 10.2024

Lektorat: Dr.-Ing. B. Grabe, Chris Hohlstamm von Dehnen z. W.
Korrektorat: Dr.-Ing. B. Grabe, Mein Lebensfreudeverlag
Verlag: BoD • Books on Demand GmbH, In de Tarpen 42, 22848 Norderstedt
Druck: Libri Plureos GmbH, Friedensallee 273, 22763 Hamburg
ISBN: 978-3-7583-7287-2

Inhaltsverzeichnis

Einführung:

Konflikte sind ein natürlicher Bestandteil jeder Partnerschaft. Sie können entstehen, wenn zwei Menschen mit unterschiedlichen Persönlichkeiten, Bedürfnissen und Meinungen aufeinandertreffen. Doch wie man mit diesen Konflikten umgeht, kann den entscheidenden Unterschied zwischen einer gesunden und glücklichen Beziehung und einer unglücklichen Partnerschaft ausmachen.

In diesem Buch stelle ich euch 32 praktische Tipps vor, die euch dabei helfen, Konflikte in eurer Partnerschaft zu lösen und eure Beziehung zu stärken. Von Kommunikationsstrategien über KomPROmissbereitschaft bis hin zu Selbstreflexion - hier findet ihr wertvolle Ratschläge, um Konflikte konstruktiv anzugehen und gemeinsam Lösungen zu finden. Denn eine harmonische Partnerschaft basiert nicht darauf, dass Konflikte vermieden werden, sondern darauf, wie man sie gemeinsam löst.

Egal ob es um unterschiedliche Vorstellungen zur Haushaltsführung, um Meinungsverschiedenheiten bei der Kindererziehung oder um tiefgreifendere Themen wie Finanzen oder Zukunftspläne geht - in jeder Partnerschaft können Konflikte auftreten. Doch anstatt Konflikte als Hindernisse zu sehen, können sie als Chancen für persönliches Wachstum und eine tiefere Verbindung zwischen den Partnern betrachtet werden.

Dieses Buch bietet euch also nicht nur praktische Tipps zur Konfliktlösung, sondern regt auch dazu an, sich selbst und den Partner besser zu verstehen. Denn oft liegen die Ursachen für Konflikte tiefer als auf den ersten Blick ersichtlich. Durch Selbstreflexion und Empathie können Missverständnisse aufgedeckt und Konflikte aufgelöst werden.

Mit den 32 Tipps in diesem Buch habt ihr die Möglichkeit, eure Partnerschaft auf ein neues Level zu heben, an Verschiedenheiten zu wachsen und gemeinsam eine liebevolle und respektvolle Beziehung aufzubauen. Denn am Ende zählt nicht, wie viele Konflikte man hat, sondern wie man sie gemeinsam überwindet und gestärkt daraus hervorgeht.

In den folgenden Kapiteln werdet ihr lernen, wie ihr effektiv kommuniziert, aktiv hinhört und eure eigenen Bedürfnisse und Gefühle klar ausdrücken könnt. Ihr werdet erfahren, wie ihr Kompromisse eingehen könnt, ohne dabei eure eigenen Werte zu verraten, und wie ihr Konflikte konstruktiv löst, anstatt sie zu vermeiden oder zu unterdrücken.

Darüber hinaus könnt ihr lernen, wie ihr Konflikte als Chance für persönliches Wachstum und für eine tiefere Verbindung mit eurem Partner nutzen könnt. Denn oft sind es gerade die Konflikte, die uns dazu bringen, uns selbst und den anderen besser kennenzulernen und unsere Beziehung zu vertiefen.

Mit den praktischen Übungen und Anleitungen in diesem Buch werden ihr in der Lage sein, Konflikte in eurer Partnerschaft auf eine gesunde und konstruktive Weise anzugehen und gemeinsam Lösungen zu finden, die für beide Seiten gut sind. Denn eine harmonische Partnerschaft basiert nicht darauf, dass man nie streitet, sondern darauf, wie man mit Konflikten umgeht und daran wächst.

Kapitel 1: Bleibt ruhig und behaltet einen klaren Kopf

In einer Partnerschaft ist es unvermeidlich, dass es zu Konflikten kommt. Unterschiedliche Meinungen, Bedürfnisse und Persönlichkeiten prallen aufeinander und können zu Spannungen führen. Doch wie man mit diesen Konflikten umgeht, kann den entscheidenden Unterschied zwischen einer harmonischen Beziehung und einer unglücklichen Partnerschaft ausmachen. In diesem Kapitel werden wir uns damit beschäftigen, warum es wichtig ist, ruhig zu bleiben und einen klaren Kopf zu behalten, wenn Konflikte auftreten.

Es ist ganz natürlich, dass in hitzigen Diskussionen die Emotionen hochkochen. Vielleicht fühlt ihr euch missverstanden, ungerecht behandelt oder verletzt. In solchen Momenten ist es leicht, die Kontrolle zu verlieren und impulsiv zu reagieren. Doch gerade in Konfliktsituationen ist es entscheidend, ruhig zu bleiben und einen klaren Kopf zu bewahren. Nur so ist es möglich, die Situation objektiv zu betrachten, die eigenen Gefühle zu reflektieren und konstruktive Lösungen zu finden.

Wenn wir in einem Streit unsere Emotionen die Oberhand gewinnen lassen, können wir schnell in destruktive Verhaltensmuster verfallen. Wir könnten Dinge sagen, die wir später bereuen, oder Handlungen setzen, die die Situation noch verschärfen.

Indem ihr jedoch ruhig bleibt und einen klaren Kopf behaltet, könnt ihr vermeiden, dass der Konflikt eskaliert, und stattdessen nach einer friedlichen Lösung suchen, bzw. diese finden.

Ein wichtiger Schritt, um ruhig zu bleiben, ist es, bewusst auf unsere Atmung zu achten. Tiefes Ein- und Ausatmen kann helfen, den Stress abzubauen und die Gedanken zu beruhigen. Nehmt euch einen Moment, um tief durchzuatmen und euch zu zentrieren, bevor ihr in eine Diskussion einsteigt. Dies ermöglicht es euch, gelassener zu reagieren und klarer zu denken.

Ein weiterer wichtiger Aspekt ist es, sich bewusst zu machen, dass der Partner nicht der Feind ist. Oft neigen wir dazu, in Konfliktsituationen den anderen als Gegner zu sehen, der uns Unrecht tut oder uns absichtlich verletzt. Doch in den meisten Fällen handelt es sich um Missverständnisse oder unterschiedliche Sichtweisen, die zu Konflikten führen. Indem ihr euch vor Augen führt, dass ihr beide dasselbe Ziel habt - nämlich eine glückliche und harmonische Beziehung -, könnt ihr Konflikte als gemeinsame Herausforderung betrachten, die es zu bewältigen gilt.

Es ist auch wichtig, in Konfliktsituationen aufmerksam hinzuhören und die Perspektive des Partners zu verstehen. Oftmals liegt die Ursache für Konflikte in unterschiedlichen Bedürfnissen, Erwartungen oder Kommunikationsstilen. Indem ihr aktiv hinhört und versucht, die Sichtweise des anderen nachzuvollziehen, könnt ihr Konflikte besser lösen und Missverständnisse aus dem Weg räumen.

Zusammenfassend: In einer Partnerschaft ist nun einmal unerlässlich, ruhig zu bleiben und einen klaren Kopf zu behalten, wenn Konflikte auftreten. Es ist wichtig, aktiv hinzuhören, die Perspektive des Partners zu verstehen und respektvoll miteinander zu kommunizieren. Konflikte sollten als Gelegenheit betrachtet werden, um gemeinsam an der Beziehung zu arbeiten und sie zu vertiefen.

Darüber hinaus ist es entscheidend, Kompromissbereitschaft zu zeigen und gemeinsame Lösungen zu finden, die für beide Seiten akzeptabel sind. Es ist normal, dass es in einer Partnerschaft unterschiedliche Meinungen und Bedürfnisse gibt, aber durch Offenheit und Einfühlungsvermögen können diese Differenzen überwunden werden.

Letztendlich ist es wichtig, sich bewusst zu machen, dass Konflikte in einer Partnerschaft normal sind und nicht zwangsläufig das Ende bedeuten. Vielmehr können sie als Chance gesehen werden, um die Beziehung zu stärken und gemeinsam zu wachsen. Mit den richtigen Strategien und einer positiven Einstellung können Konflikte konstruktiv gelöst werden, um eine liebevolle und harmonische Partnerschaft aufzubauen.

Kapitel 2: Hört aktiv zu und versucht, den Standpunkt des anderen zu verstehen

In einer Partnerschaft ist es von entscheidender Bedeutung, aktiv hinzuhören und den Standpunkt des anderen zu verstehen. Oftmals neigen wir dazu, in Konfliktsituationen nur unsere eigene Sichtweise vehement zu vertreten, ohne wirklich hinzuhören, was der Partner zu sagen hat. Doch Kommunikation ist ein zweiseitiger Prozess, der auf gegenseitigem Verständnis und Respekt basiert.

Wenn ihr aktiv hinhört, zeigt ihr eurem Partner, dass sein Standpunkt wichtig ist und ernst genommen wird. Das bedeutet nicht nur, die Worte eures Partners zu hören, sondern auch auf seine Körpersprache, Tonfall und Emotionen zu achten. Oftmals können nonverbale Signale mehr über die Gefühle und Bedürfnisse des Partners aussagen als seine Worte.

Um aktiv HINzuhören, ist es wichtig, sich auf das Gesagte zu konzentrieren und nicht bereits während des Sprechens des Partners eine Antwort zu formulieren. Nehmt euch Zeit, um die Perspektive eures Partners zu verstehen, stellt gezielte Fragen, um Klarheit zu bekommen, und zeigt durch verbale und nonverbale Signale, dass ihr wirklich interessiert seid.

Ein weiterer wichtiger Aspekt des aktiven Hinhörens ist die Empathie. Versucht, euch in die Lage eures Partners zu versetzen und seine Gefühle und Bedürfnisse nachzuvollziehen. Empathie hilft dabei, eine Verbindung herzustellen und das Vertrauen zwischen euch zu stärken. Oder wie es so schön heißt: „Man hört nur mit dem Herzen gut!".

Wenn ihr den Standpunkt eures Partners versteht, könnt ihr Konflikte besser lösen und Kompromisse finden, die für beide Seiten akzeptabel sind. Oftmals entstehen Konflikte aus Missverständnissen oder unterschiedlichen Perspektiven, die durch aktives Hinhören und Verständnis aufgelöst werden können.

Denkt daran, dass Kommunikation nicht nur aus dem Sprechen, sondern auch aus dem Hinhören besteht. Indem ihr aktiv hinhört und den Standpunkt des anderen versteht, legt ihr den Grundstein für eine respektvolle und harmonische Partnerschaft. Zeigt eurem Partner, dass sein Standpunkt wichtig ist und dass ihr bereit seid, hinzuhören und gemeinsam Lösungen zu finden.

Kapitel 3: Vermeidet Schuldzuweisungen und Vorwürfe

In einer Partnerschaft ist es oft verlockend, dem anderen die Schuld für Konflikte zuzuschieben und Vorwürfe zu machen. Nix leichter als das! Oder(?)!

Doch Schuldzuweisungen und Vorwürfe können die Situation verschärfen und die Kommunikation erschweren. Anstatt den Partner zu beschuldigen, ist es wichtig, gemeinsam nach Lösungen zu suchen und Verantwortung für das eigene Handeln zu übernehmen.

Ihr solltet euch bewusst machen, dass Schuldzuweisungen und Vorwürfe eure Beziehung belasten können. Statt den anderen für eure Unzufriedenheit verantwortlich zu machen, solltet ihr euch fragen, was ihr selbst zur Lösung des Konflikts beitragen könnt. Indem ihr die Schuld nicht beim anderen sucht, sondern bei euch selbst anfangt, könnt ihr einen konstruktiven Dialog führen und gemeinsam nach Lösungen suchen.

Wichtig ist, sich in den anderen hineinzuversetzen und seine Perspektive zu verstehen. Oftmals liegen Konflikte in Missverständnissen oder unterschiedlichen Bedürfnissen begründet. Anstatt Vorwürfe zu machen, solltet ihr versuchen, die Gefühle und Bedürfnisse des anderen zu erkennen und respektieren. Nur so könnt ihr eine vertrauensvolle und respektvolle Kommunikation aufbauen.

Wenn ihr das Bedürfnis habt, Vorwürfe zu machen, solltet ihr innehalten und überlegen, was ihr damit erreichen wollt.

Möchtet ihr den anderen verletzen oder eine Lösung für das Problem finden?

Indem ihr euch bewusst macht, dass Vorwürfe und Schuldzuweisungen eure Beziehung belasten können, könnt ihr einen Schritt zurücktreten und nach einer konstruktiven Lösung suchen, bzw. diese auch finden!

Es ist wichtig, dass ihr euch in schwierigen Situationen gegenseitig unterstützt und nicht gegeneinander arbeitet. Anstatt den anderen zu kritisieren, solltet ihr euch gegenseitig ermutigen und unterstützen. Gemeinsam könnt ihr Konflikte überwinden und gestärkt aus ihnen hervorgehen.

Denkt daran, dass es in einer Partnerschaft nicht darum geht, wer Recht hat oder wer schuld ist, sondern darum, gemeinsam Lösungen zu finden und an eurer Beziehung zu arbeiten.

Indem ihr Schuldzuweisungen und Vorwürfe vermeidet, könnt ihr eine liebevolle und respektvolle Partnerschaft aufbauen, die von Vertrauen und Verständnis geprägt ist.

Kapitel 4: Kommuniziert offen und ehrlich über eure Gefühle und Bedürfnisse

In einer Partnerschaft ist offene und ehrliche Kommunikation von entscheidender Bedeutung. Es ist wichtig, dass du und dein Partner in der Lage seid, über eure Gefühle und Bedürfnisse zu sprechen, ohne Angst vor Verurteilung oder Ablehnung zu haben. Indem ihr euch gegenseitig Raum gebt, um eure Gedanken und Emotionen auszudrücken, könnt ihr eine tiefere Verbindung aufbauen und Missverständnisse vermeiden.

Es ist oft einfacher gesagt als getan, aber es lohnt sich, sich die Zeit zu nehmen, um in Ruhe über eure Gefühle zu sprechen.

Beginnt damit, euch selbst zu reflektieren und zu verstehen, was jeder fühlt und warum sich jeder so fühlt. Seid ehrlich zu euch selbst und zum Partner, und redet ehrlich über eure Emotionen, auch wenn es erst einmal unangenehm oder schwierig erscheint.

Wenn ihr bereit seid, miteinander über eure Gefühle zu sprechen, wählt einen geeigneten Zeitpunkt und Ort, an dem ihr ungestört seid. Beginnt das Gespräch, indem ihr eure Gedanken und Emotionen in der Ich-Form ausdrückt. Zum Beispiel könntet ihr sagen: "Ich fühle mich verletzt, wenn du meine Meinung nicht respektierst" oder "Ich brauche mehr Unterstützung in dieser schwierigen Zeit".

Es ist wichtig, dass ihr euch die Möglichkeit gebt, auf eure Gefühle gegenseitig zu reagieren, ohne den anderen zu unterbrechen oder zu verurteilen. Hört aufmerksam zu, was der andere zu sagen hat, und versucht, seine Perspektive zu verstehen. Zeigt Empathie und Mitgefühl für die Gefühle des anderen, auch wenn ihr unterschiedlicher Meinung seid.

Wenn ihr über eure Bedürfnisse sprecht, ist es hilfreich, konkrete Beispiele anzuführen und klare Erwartungen zu formulieren. Sagt euch, was ihr euch wünscht und wie ich euch unterstützen könnt. Seid bereit, Kompromisse einzugehen und gemeinsam nach Lösungen zu suchen, die für beide Seiten akzeptabel sind.

Es ist auch wichtig, dass ihr euch gegenseitig Feedback gebt und offen für konstruktive Kritik seid. Wenn dein Partner etwas sagt, das dich verletzt oder verärgert, teile ihm das mit, aber bleibe respektvoll und konstruktiv. Vermeide es, in Vorwürfe oder Schuldzuweisungen zu verfallen, sondern konzentriere dich darauf, gemeinsam eine Lösung zu finden.

Denkt daran, dass Kommunikation ein kontinuierlicher Prozess ist, der Zeit und Übung erfordert. Seid geduldig mit euch selbst und mit eurem Partner, wenn es nicht immer reibungslos läuft.

Bleibt dran und arbeitet gemeinsam daran, eure Kommunikationsfähigkeiten zu verbessern und eine gesunde und harmonische Beziehung aufzubauen.

Indem ihr offen und ehrlich über eure Gefühle und Bedürfnisse kommuniziert, könnt ihr Konflikte frühzeitig erkennen und lösen, eure Bindung stärken und eine tiefere Verbindung zueinander aufbauen. Seid mutig und verletzlich, teilt eure innersten Gedanken und Ängste miteinander. Zeigt Verständnis und Empathie für die Perspektive des anderen und seid bereit, KomPROmisse (PRO = für, nicht dagegen!) einzugehen, um gemeinsame Lösungen zu finden.

Indem ihr euch gegenseitig Raum gebt, um eure Gedanken und Gefühle auszudrücken, könnt ihr einander besser verstehen und Konflikte auf eine konstruktive Weise angehen. Vermeidet es, in Vorwürfe oder Schuldzuweisungen zu verfallen, sondern bleibt respektvoll und einfühlsam im Umgang miteinander.

Denkt daran, dass Konflikte in einer Partnerschaft normal sind und dazu dienen, Herausforderungen gemeinsam zu meistern und als Paar zu wachsen. Indem ihr euch aktiv mit den Konflikten auseinandersetzt und an eurer Kommunikation arbeitet, könnt ihr eure Beziehung vertiefen und eine langfristig glückliche Partnerschaft aufbauen.

Kapitel 5: Verwendet "Ich-Aussagen", um unsere eigenen Perspektiven zu teilen

In diesem Kapitel möchte ich mit euch über die Bedeutung von "Ich-Aussagen" in der Kommunikation innerhalb einer Partnerschaft sprechen. "Ich-Aussagen" sind eine wichtige Technik, um unsere eigenen Gedanken, Gefühle und Bedürfnisse klar und respektvoll zu kommunizieren. Indem wir "Ich" anstelle von "Du" verwenden, können wir Konflikte vermeiden, Missverständnisse reduzieren und eine offene und ehrliche Kommunikation fördern.

Wenn wir "Ich-Aussagen" verwenden, drücken wir unsere eigenen Perspektiven aus, ohne den Partner zu beschuldigen oder zu kritisieren. Anstatt zu sagen "Du machst immer das falsche", könnten wir sagen "Ich fühle mich frustriert, wenn bestimmte Dinge nicht erledigt werden". Auf diese Weise nehmen wir die Verantwortung für unsere eigenen Gefühle und Reaktionen und geben dem Partner die Möglichkeit, uns besser zu verstehen.

Ein weiterer Vorteil von "Ich-Aussagen" ist, dass sie dazu beitragen, eine positive und unterstützende Atmosphäre in der Partnerschaft zu schaffen. Indem wir unsere eigenen Bedürfnisse und Wünsche klar kommunizieren, können wir gemeinsam Lösungen finden, die für beide Seiten akzeptabel sind. Zum Beispiel könnten wir sagen "Ich würde gerne mehr Zeit mit dir verbringen, um unsere Beziehung zu vertiefen", anstatt zu sagen "Du vernachlässigst mich".

Es ist wichtig zu betonen, dass "Ich-Aussagen" nicht bedeuten, dass wir unsere eigenen Bedürfnisse über die des Partners stellen. Vielmehr geht es darum, eine gesunde Balance zwischen Selbstausdruck und Empathie zu finden. Indem wir unsere eigenen Perspektiven teilen, geben wir dem Partner die Möglichkeit, uns besser kennenzulernen und unsere Bedürfnisse zu respektieren.

In unserer eigenen Partnerschaft haben wir festgestellt, dass die Verwendung von "Ich-Aussagen" zu einer tieferen Verbindung und einem besseren Verständnis zwischen uns geführt hat. Indem wir uns gegenseitig Raum geben, um unsere Gedanken und Gefühle auszudrücken, haben wir gelernt, einander besser zuzuhören und aufeinander einzugehen.

Abschließend möchte ich betonen, dass die Verwendung von "Ich-Aussagen" ein wichtiger Bestandteil einer gesunden und harmonischen Partnerschaft ist. Indem ihr eure eigenen Perspektiven klar und respektvoll kommuniziert, könnt ihr Konflikte vermeiden, Missverständnisse reduzieren und eine liebevolle und unterstützende Beziehung aufbauen.

Ich ermutige euch, diese Technik in eurer eigenen Partnerschaft auszuprobieren und die positiven Auswirkungen auf eure Kommunikation und eure Beziehung zu erleben.

Kapitel 6: Sucht nach Kompromissen, die für beide Seiten akzeptabel sind

In einer Partnerschaft ist es unvermeidlich, dass es zu Meinungsverschiedenheiten und Konflikten kommt. Oftmals haben beide Partner unterschiedliche Bedürfnisse, Wünsche und Vorstellungen, die miteinander in Einklang gebracht werden müssen.

In solchen Situationen ist es wichtig, nach Kompromissen zu suchen, die für beide Seiten akzeptabel sind. Ein Kompromiss bedeutet, dass beide Partner bereit sind, etwas von ihren ursprünglichen Positionen aufzugeben, um eine Lösung zu finden, mit der beide zufrieden sind.

Um nach Kompromissen zu suchen, die für beide Seiten akzeptabel sind, ist es entscheidend, offen und ehrlich miteinander zu kommunizieren. Jeder Partner sollte seine Bedürfnisse und Wünsche klar und respektvoll äußern, ohne den anderen zu verletzen oder zu kritisieren.

Es ist wichtig, hinzuhören und zu verstehen, was der andere Partner braucht und warum er oder sie bestimmte Vorstellungen hat. Nur durch eine offene und empathische Kommunikation können Kompromisse gefunden werden, die für beide Seiten fair und ausgewogen sind.

Ein weiterer wichtiger Aspekt bei der Suche nach Kompromissen ist die Fähigkeit, flexibel zu sein und alternative Lösungen in Betracht zu ziehen. Oftmals gibt es nicht nur eine einzige Möglichkeit, ein Problem zu lösen, sondern verschiedene Wege, die zum Ziel führen können.

Es ist wichtig, gemeinsam zu brainstormen und verschiedene Optionen zu diskutieren, um die bestmögliche Lösung zu finden. Dabei sollten beide Partner bereit sein, Kompromisse einzugehen und gegebenenfalls von ihren ursprünglichen Positionen abzuweichen, um eine gemeinsame Lösung zu finden.

Es ist auch wichtig, sich bewusst zu machen, dass ein Kompromiss nicht bedeutet, dass man seine eigenen Bedürfnisse komplett aufgeben muss. Vielmehr geht es darum, einen Mittelweg zu finden, der die Bedürfnisse und Wünsche beider Partner berücksichtigt und respektiert. Ein guter Kompromiss ist eine Win-Win-Situation, bei der beide Partner das Gefühl haben, gehört und verstanden zu werden und gleichzeitig ihre eigenen Interessen vertreten zu können.

Um nach Kompromissen zu suchen, die für beide Seiten akzeptabel sind, ist es auch wichtig, geduldig zu sein und Zeit für die Lösungsfindung einzuplanen. Manchmal braucht es mehrere Gespräche und Diskussionen, um eine gemeinsame Lösung zu finden, die für beide Partner zufriedenstellend ist.

Es ist wichtig, nicht vorschnell zu handeln oder Kompromisse einzugehen, mit denen man nicht wirklich einverstanden ist. Stattdessen sollte man sich die Zeit nehmen, um gemeinsam nach einer Lösung zu suchen, die für beide Seiten fair und ausgewogen ist.

Zusammenfassend lässt sich sagen, dass die Suche nach Kompromissen, die für beide Seiten akzeptabel sind, ein wichtiger Bestandteil einer gesunden und harmonischen Partnerschaft ist. Indem man offen und ehrlich miteinander kommuniziert, flexibel ist und alternative Lösungen in Betracht zieht, kann man Konflikte konstruktiv angehen und gemeinsam Lösungen finden, die für beide Partner zufriedenstellend sind.

Denn am Ende geht es darum, eine gemeinsame Basis des Verständnisses und der Wertschätzung zu schaffen, auf der die Partnerschaft aufbauen kann. Konflikte sind unvermeidlich, aber sie müssen nicht das Ende einer Beziehung bedeuten. Vielmehr können sie als Gelegenheit gesehen werden, um an der Beziehung zu arbeiten, sich weiterzuentwickeln und gemeinsam zu wachsen.

Indem man sich gegenseitig unterstützt, Respekt und Empathie zeigt und gemeinsam an einer Lösung arbeitet, kann man Konflikte überwinden und gestärkt aus ihnen hervorgehen. Eine Partnerschaft, die in der Lage ist, Konflikte konstruktiv zu lösen, ist eine Partnerschaft, die auf Vertrauen, Offenheit und gegenseitiger Unterstützung basiert.

Mit den richtigen Werkzeugen und der Bereitschaft, an der Beziehung zu arbeiten, können Sie gemeinsam jede Herausforderung meistern und eine tiefe und erfüllende Partnerschaft aufbauen.

Kapitel 7: Achtet auf eure Körpersprache und vermeidet aggressive Gesten

In der Partnerschaft ist nicht nur das gesprochene Wort von Bedeutung, sondern auch die nonverbale Kommunikation spielt eine entscheidende Rolle. Eure Körpersprache kann oft mehr aussagen als tausend Worte und beeinflusst maßgeblich, wie eure Botschaften beim Partner ankommen. Daher ist es wichtig, auf eure Körpersprache zu achten und aggressive Gesten zu vermeiden, um Konflikte zu entschärfen und eine positive Kommunikation zu fördern.

1. Achtet auf eure Körperhaltung:

Eure Körperhaltung sagt viel über eure innere Verfassung aus. Eine aufrechte und offene Haltung signalisiert Selbstbewusstsein und Offenheit, während eine verschlossene und zurückgezogene Haltung Abwehr und Unwohlsein ausdrücken kann.

Versucht, während Gesprächen eine entspannte und zugewandte Körperhaltung einzunehmen, um eurem Partner zu zeigen, dass ihr ihm aufmerksam zuhört und respektvoll gegenübersteht.

2. Blickkontakt halten:

Der Blickkontakt ist ein wichtiger Bestandteil der nonverbalen Kommunikation. Durch Blickkontakt könnt ihr eurem Partner zeigen, dass ihr ihm zuhört und ernst nehmt. Vermeidet es jedoch, euren Partner anzustarren oder den Blick abfällig abzuwenden, da dies als respektlos empfunden werden kann. Ein angemessener Blickkontakt kann das Vertrauen stärken und die Verbindung zwischen euch vertiefen.

3. Gestik und Mimik kontrollieren:

Eure Gestik und Mimik können eure Emotionen und Gedanken widerspiegeln. Vermeidet es, während Konflikten aggressive Gesten wie wildes Gestikulieren, Faust ballen oder Fingerzeigen zu verwenden, da dies den Partner einschüchtern oder provozieren kann. Versucht stattdessen, eure Gesten bewusst zu kontrollieren und eure Emotionen angemessen auszudrücken, um Missverständnisse zu vermeiden und eine konstruktive Kommunikation zu ermöglichen.

4. Atmung und Entspannungstechniken nutzen:

In stressigen Situationen neigen wir dazu, flach zu atmen und uns zu verspannen, was unsere Körpersprache negativ beeinflussen kann. Nutzt bewusste Atem- und Entspannungstechniken, um euren Körper zu beruhigen und eure Körpersprache zu entspannen. Tiefes Ein- und Ausatmen sowie progressive Muskelentspannung können euch dabei helfen, gelassener zu bleiben und eure Emotionen besser zu kontrollieren.

5. Empathie und Verständnis zeigen:

Eure Körpersprache kann auch dazu beitragen, Empathie und Verständnis für euren Partner zu zeigen. Durch sanfte Berührungen, Umarmungen oder ein liebevolles Lächeln könnt ihr eure Zuneigung und Wertschätzung ausdrücken, auch wenn die Worte fehlen. Zeigt eurem Partner durch eure Körpersprache, dass ihr für ihn da seid und ihn in schwierigen Momenten unterstützt.

Insgesamt ist es wichtig, auf eure Körpersprache zu achten und aggressive Gesten zu vermeiden. Denn nonverbale Kommunikation spielt eine entscheidende Rolle in der Konfliktlösung. Ein offener und respektvoller Körperausdruck kann dazu beitragen, dass sich beide Partner gehört und verstanden fühlen.

Darüber hinaus ist es hilfreich, aktiv zuzuhören und die Perspektive des anderen anzuerkennen, auch wenn man anderer Meinung ist. Durch Empathie und Verständnis können Konflikte oft schneller gelöst werden, da beide Seiten sich ernst genommen fühlen.

Zusätzlich ist es wichtig, konstruktive Kritik zu üben und Feedback in einer respektvollen Art und Weise zu geben. Anstatt Vorwürfe zu machen, könnt ihr eure Bedürfnisse und Gefühle klar kommunizieren und gemeinsam nach Lösungen suchen.

Insgesamt ist es entscheidend, dass beide Partner bereit sind, an sich selbst zu arbeiten und aktiv an der Beziehung zu arbeiten.

Mit Geduld, Respekt und Liebe könnt ihr Konflikte überwinden und eure Partnerschaft auf ein neues Level heben.

Kapitel 8: Nehmt euch Zeit, um euch abzukühlen, wenn die Emotionen hochkochen

In einer Partnerschaft ist es ganz normal, dass es hin und wieder zu hitzigen Diskussionen und emotionalen Ausbrüchen kommt. Wenn die Emotionen hochkochen, fällt es oft schwer, ruhig und sachlich zu bleiben. In solchen Momenten ist es wichtig, dass ihr euch Zeit nehmt, um euch abzukühlen und die Situation zu entschärfen.

1. Erkennt die Anzeichen:

Bevor die Situation eskaliert, ist es wichtig, die Anzeichen dafür zu erkennen, dass die Emotionen hochkochen. Achtet auf eure Körpersignale wie beschleunigter Herzschlag, erhöhte Atemfrequenz oder verspannte Muskeln. Auch verbale Anzeichen wie erhöhte Lautstärke, Schimpfwörter oder Vorwürfe können darauf hinweisen, dass die Emotionen überkochen.

2. Kommuniziert eure Bedürfnisse:

Sagt eurem Partner offen und ehrlich, wenn ihr spürt, dass die Emotionen hochkochen. Teilt ihm mit, dass ihr eine Pause braucht, um euch abzukühlen und die Situation zu klären. Es ist wichtig, dass beide Partner verstehen, dass eine Pause keine Flucht vor dem Konflikt ist, sondern eine Möglichkeit, um die Emotionen zu beruhigen und eine konstruktive Lösung zu finden.

3. Vereinbart ein Zeichen:

Um Missverständnisse zu vermeiden, könnt ihr ein Zeichen vereinbaren, das signalisiert, dass einer von euch eine Pause benötigt. Das kann zum Beispiel ein bestimmtes Handzeichen oder ein vereinbartes Codewort sein. So könnt ihr ohne viele Worte klar kommunizieren, wenn einer von euch Zeit braucht, um sich abzukühlen.

4. Nehmt euch Zeit für euch selbst:

Wenn die Emotionen hochkochen, ist es wichtig, dass ihr euch Zeit für euch selbst nehmt, um eure Gedanken zu ordnen und eure Emotionen zu beruhigen. Geht spazieren, macht Sport, meditiert oder schreibt eure Gedanken auf. Jeder Mensch hat unterschiedliche Methoden, um sich zu beruhigen - findet heraus, was für euch am besten funktioniert.

5. Reflektiert eure Emotionen:

Nutzt die Zeit, um euch abzukühlen, um eure Emotionen zu reflektieren. Fragt euch, warum ihr so emotional reagiert habt, und welche Bedürfnisse dahinterstecken. Oft liegen den heftigen Emotionen tieferliegende Ängste, Unsicherheiten oder unerfüllte Bedürfnisse zugrunde. Indem ihr euch selbst besser versteht, könnt ihr auch eure Reaktionen in Konfliktsituationen besser kontrollieren.

6. Plant ein Gespräch:

Nachdem ihr euch abgekühlt habt und eure Emotionen reflektiert habt, plant ein Gespräch mit eurem Partner, um die Situation zu klären. Setzt euch in Ruhe zusammen und sprecht offen über eure Gefühle, Bedürfnisse und Wünsche. Vermeidet dabei Vorwürfe und Schuldzuweisungen, sondern konzentriert euch darauf, gemeinsam eine Lösung zu finden.

7. Lernt aus der Situation:

Jeder Konflikt in einer Partnerschaft bietet die Möglichkeit, daraus zu lernen und zu wachsen. Anstatt sich in Vorwürfen und Schuldzuweisungen zu verlieren, ist es wichtig, die Situation als Chance zur persönlichen Weiterentwicklung zu sehen.

Indem man reflektiert, was in dem Konflikt passiert ist, welche eigenen Anteile man daran hatte und wie man in Zukunft besser damit umgehen kann, kann man aus jedem Konflikt gestärkt hervorgehen.

Es ist auch wichtig, aus der Perspektive des Partners zu lernen. Indem man versucht, die Sichtweise des anderen zu verstehen und empathisch auf seine Bedürfnisse einzugehen, kann man nicht nur den Konflikt lösen, sondern auch die Beziehung vertiefen.

Letztendlich ist es entscheidend, dass beide Partner bereit sind, aus der Situation zu lernen und gemeinsam an einer konstruktiven Lösung zu arbeiten. Denn nur so kann aus einem Konflikt in der Partnerschaft eine Chance für persönliches Wachstum und eine stärkere Bindung zwischen den Partnern werden.

Kapitel 9: Vermeidet es, alte Konflikte wieder aufzuwärmen

Was passiert, wenn ein Konflikt bereits gelöst wurde, aber immer wieder aufgewärmt wird?

Das ständige Wiederbeleben alter Streitigkeiten kann nicht nur die Beziehung belasten, sondern auch das Vertrauen zwischen den Partnern erschüttern. Deshalb ist es wichtig, zu lernen, wie man es vermeidet, alte Konflikte immer wieder aufzuwärmen.

1. Akzeptiert die Vergangenheit

Es ist wichtig zu akzeptieren, dass die Vergangenheit nicht verändert werden kann. Was geschehen ist, ist geschehen, und es bringt nichts, alte Wunden immer wieder aufzureißen. Versucht stattdessen, aus vergangenen Konflikten zu lernen und sie als Möglichkeit zur persönlichen Weiterentwicklung zu sehen.

2. Lasst los

Um alte Konflikte nicht immer wieder aufzuwärmen, ist es entscheidend, loszulassen. Das bedeutet, sich von negativen Emotionen und Groll zu befreien und sich auf das Hier und Jetzt zu konzentrieren. Versucht, Vergebung zu praktizieren und die Vergangenheit hinter euch zu lassen.

3. Kommuniziert offen

Wenn ihr das Bedürfnis verspürt, alte Konflikte wieder aufzuwärmen, ist es wichtig, offen darüber zu kommunizieren.
Sprecht mit eurem Partner darüber, warum ihr immer wieder auf
vergangene Streitigkeiten zurückkommmt, und versucht gemeinsam eine Lösung zu finden, um dieses Verhalten zu ändern.

4. Sucht professionelle Hilfe (gerne bin ich für euch da!)

Manchmal kann es schwierig sein, alte Konflikte loszulassen und
sie nicht immer wieder aufzuwärmen. In solchen Fällen kann es
hilfreich sein, professionelle Hilfe in Anspruch zu nehmen. Als
Paartherapeut mit über 30 Jahren Praxiserfahrung kann ich euch
dabei unterstützen, alte Konflikte zu bewältigen und neue Kommunikationsstrategien zu erlernen.

5. Fokussiert euch auf das Positive

Anstatt euch auf alte Konflikte zu konzentrieren, lenkt eure
Aufmerksamkeit auf das Positive in eurer Beziehung. Erinnert
euch an die schönen Momente, die ihr gemeinsam erlebt habt,
und schätzt die Stärken eures Partners. Indem ihr das Positive in
den Vordergrund stellt, könnt ihr alte Konflikte in den Hinter-
grund rücken lassen.

6. Lernt aus der Vergangenheit

Anstatt alte Konflikte immer wieder aufzuwärmen, nutzt sie als
Möglichkeit zur persönlichen und partnerschaftlichen Weiter-

entwicklung. Fragt euch, was ihr aus vergangenen Konflikten gelernt habt und wie ihr in Zukunft besser damit umgehen könnt. Indem ihr aus der Vergangenheit lernt, könnt ihr eure Beziehung stärken und alte Konflikte hinter euch lassen.

Insgesamt ist es wichtig, alte Konflikte nicht immer wieder aufzuwärmen, um eine gesunde und glückliche Partnerschaft aufrechtzuerhalten. Indem ihr die Vergangenheit akzeptiert, loslasst, offen kommuniziert, professionelle Hilfe sucht, euch auf das Positive fokussiert und aus der Vergangenheit lernt, könnt ihr alte Konflikte überwinden und eure Partnerschaft weiterentwickeln.

Es ist entscheidend, alte Konflikte nicht immer wieder aufzuwärmen, da dies zu einem Teufelskreis führen kann, der die Beziehung belastet. Stattdessen ist es wichtig, die Vergangenheit zu akzeptieren, loszulassen und sich auf die Gegenwart und Zukunft zu konzentrieren.

Offene und ehrliche Kommunikation ist der Schlüssel, um Konflikte zu lösen und Missverständnisse aus dem Weg zu räumen.

Es ist wichtig, dem Partner hinzuhören, seine Perspektive zu verstehen und respektvoll miteinander umzugehen. Wenn ihr merkt, dass ihr alleine nicht weiterkommt, kann es hilfreich sein, professionelle Hilfe in Anspruch zu nehmen, um gemeinsam an eurer Beziehung zu arbeiten.

Indem ihr euch auf das Positive in eurer Partnerschaft fokussiert und aus der Vergangenheit lernt, könnt ihr alte Konflikte überwinden und gemeinsam daran wachsen. Jeder Konflikt birgt die Möglichkeit, eure Beziehung zu stärken und euch als Paar weiter zusammenzuschweißen.

Mit Geduld, Verständnis und Liebe könnt ihr alte Konflikte hinter euch lassen und eine glückliche und erfüllte Partnerschaft aufbauen.

Kapitel 10: Konzentriert euch in der Partnerschaft auf die Lösung des Problems, anstatt euch auf den Konflikt selbst zu fokussieren

In einer Partnerschaft prallen unterschiedliche Meinungen, Bedürfnisse und Persönlichkeiten aufeinander und können zu Auseinandersetzungen führen.

Doch wie ihr mit diesen Konflikten umgeht, kann den entscheidenden Unterschied machen. Statt euch auf den Konflikt selbst zu fokussieren, ist es wichtig, euch auf die Lösung des Problems zu konzentrieren. In diesem Kapitel möchte ich euch zeigen, warum dieser Ansatz so wichtig ist und wie ihr ihn in eurer Partnerschaft umsetzen könnt.

1. Versteht den Unterschied zwischen Konflikt und Problem

Oftmals verwechseln wir den Konflikt mit dem eigentlichen Problem. Der Konflikt ist die emotionale Auseinandersetzung, die durch das Problem ausgelöst wird. Das Problem selbst ist die Ursache für den Konflikt. Indem ihr lernt, zwischen Konflikt und Problem zu unterscheiden, könnt ihr eure Energie gezielt darauf verwenden, das eigentliche Problem zu lösen, anstatt euch in endlosen Streitereien zu verlieren.

2. Identifiziert das eigentliche Problem

Um das Problem lösen zu können, müsst ihr zunächst herausfinden, worum es eigentlich geht. Oftmals verbergen sich hinter oberflächlichen Konflikten tiefere Ursachen, die es zu erkennen gilt. Nehmt euch Zeit, um gemeinsam zu reflektieren und herauszufinden, was das eigentliche Problem ist, das gelöst werden muss.

3. Kommuniziert offen und ehrlich

Eine offene und ehrliche Kommunikation ist der Schlüssel, um Konflikte konstruktiv zu lösen. Teilt eure Gedanken, Gefühle und Bedürfnisse miteinander und hört einander aufmerksam zu. Vermeidet Schuldzuweisungen und Vorwürfe, sondern konzentriert euch darauf, gemeinsam nach Lösungen zu suchen.

4. Sucht nach Win-Win-Lösungen

Statt in einem Konflikt einen klaren Gewinner und Verlierer zu sehen, strebt nach Lösungen, die für beide Seiten zufriedenstellend sind. Eine Win-Win-Lösung berücksichtigt die Bedürfnisse und Interessen beider Partner und führt zu einer langfristigen und nachhaltigen Lösung.

5. Arbeitet als Team zusammen

In einer Partnerschaft seid ihr ein Team, das gemeinsam Herausforderungen meistern muss. Anstatt gegeneinander zu arbeiten, solltet ihr euch als Partner unterstützen und gemeinsam an der Lösung des Problems arbeiten. Zeigt Verständnis füreinander und arbeitet zusammen, um eure Beziehung zu stärken.

6. Lernt aus Konflikten

Jeder Konflikt birgt die Möglichkeit, etwas über euch selbst und eure Partnerschaft zu lernen. Nutzt Konflikte als Chance zur persönlichen Weiterentwicklung und zur Vertiefung eurer Beziehung. Reflektiert gemeinsam, was ihr aus dem Konflikt gelernt habt und wie ihr in Zukunft besser damit umgehen könnt.

Indem ihr euch in eurer Partnerschaft auf die Lösung des Problems konzentriert, anstatt euch auf den Konflikt selbst zu fokussieren, könnt ihr gemeinsam eine positive Veränderung herbeiführen. Es ist wichtig, dass beide Partner bereit sind, Kompromisse einzugehen und aktiv an der Lösung des Konflikts zu arbeiten.

Kommunikation spielt hierbei eine entscheidende Rolle - offen und ehrlich miteinander zu sprechen, zuzuhören und die Perspektive des anderen zu verstehen, kann dazu beitragen, Missverständnisse aus dem Weg zu räumen und eine gemeinsame Lösung zu finden.

Darüber hinaus ist es hilfreich, Konflikte als Gelegenheit zur persönlichen Weiterentwicklung zu betrachten. Indem ihr euch mit euren eigenen Bedürfnissen, Ängsten und Wünschen auseinandersetzt, bzw. zusammen, könnt ihr nicht nur eure Partnerschaft stärken, sondern auch an individuellem Wachstum gewinnen.

Denkt daran, dass Konflikte in einer Partnerschaft normal sind und dazu dienen, eure Beziehung zu vertiefen und zu festigen.

Mit den richtigen Werkzeugen und einer positiven Einstellung könnt ihr Konflikte konstruktiv angehen und gemeinsam daran wachsen.

Kapitel 11: Nutzt "Ich"-Aussagen, um eure Bedürfnisse und Wünsche klar zu kommunizieren

In einer Partnerschaft ist es entscheidend, dass beide Partner ihre Bedürfnisse und Wünsche klar kommunizieren können. Oftmals neigen wir dazu, in der Hitze des Gefechts oder bei schwierigen Gesprächen in die "Du"-Form zu verfallen, was zu Vorwürfen, Schuldzuweisungen und Missverständnissen führen kann. Um eine konstruktive Kommunikation zu fördern und Konflikte effektiv zu lösen, ist es daher ratsam, "Ich"-Aussagen zu nutzen.

"Ich"-Aussagen sind eine Form der Kommunikation, bei der man seine eigenen Gedanken, Gefühle, Bedürfnisse und Wünsche klar und respektvoll ausdrückt, ohne den anderen Partner direkt anzugreifen oder zu beschuldigen. Indem man von sich selbst spricht, schafft man eine offene und ehrliche Gesprächsatmosphäre, in der beide Partner sich gehört und verstanden fühlen können.

Ein Beispiel für eine "Ich"-Aussage wäre: "Ich fühle mich überfordert, wenn ich das Gefühl habe, allein die gesamte Hausarbeit erledigen zu müssen. Ich wünsche mir mehr Unterstützung von dir, damit wir gemeinsam eine faire Aufteilung finden können."

Durch die Verwendung von "Ich"-Aussagen signalisiert man dem Partner, dass man Verantwortung für seine eigenen Gefühle und Bedürfnisse übernimmt und gleichzeitig Raum für Verständnis und Empathie schafft. Es ermöglicht eine offene und respekt-volle Kommunikation, in der beide Partner ihre Perspektiven und Bedürfnisse ausdrücken können, ohne sich angegriffen zu fühlen.

Es ist wichtig zu betonen, dass "Ich"-Aussagen nicht nur in Konfliktsituationen hilfreich sind, sondern auch im Alltag dazu beitragen können, Missverständnisse zu vermeiden und die Beziehung zu stärken. Indem man klar und offen kommuniziert, schafft man Vertrauen, Intimität und Verbundenheit in der Partnerschaft.

Um "Ich"-Aussagen effektiv zu nutzen, ist es wichtig, sich bewusst zu machen, was man fühlt, braucht und sich wünscht. Selbstreflexion und Achtsamkeit sind Schlüsselkomponenten für eine erfolgreiche Kommunikation. Indem man sich seiner eigenen Bedürfnisse bewusst ist und sie klar kommuniziert, kann man dazu beitragen, Konflikte zu lösen, Missverständnisse zu klären und eine harmonische Partnerschaft aufzubauen.

Insgesamt ist die Verwendung von "Ich"-Aussagen ein mächtiges Werkzeug, um eine gesunde und respektvolle Kommunikation in der Partnerschaft zu fördern. Indem man sich selbst reflektiert, ehrlich und offen kommuniziert, schafft man die Grundlage für eine liebevolle und erfüllende Beziehung, in der beide Partner sich gehört, verstanden und respektiert fühlen.

Kapitel 12: Nutzt "Vermeidet es, den anderen zu unterbrechen, wenn er spricht"

In einer Partnerschaft ist die Kommunikation von entscheidender Bedeutung. Oftmals entstehen Konflikte aufgrund von Missverständnissen oder fehlender Kommunikation. Ein wichtiger Aspekt der effektiven Kommunikation ist das Zuhören.

Doch allzu oft neigen wir dazu, den anderen zu unterbrechen, während er spricht. Dies kann zu Frustration, Missverständnissen und Konflikten führen. Daher ist es wichtig, sich bewusst zu machen, wie man aktiv zuhört und den Partner nicht unterbricht.

Wenn du deinem Partner zuhörst, ist es wichtig, ihm deine volle Aufmerksamkeit zu schenken. Das bedeutet, dass du dich auf das Gesagte konzentrierst, ohne abgelenkt zu sein. Schalte dein Handy aus, schließe den Laptop und richte deine volle Aufmerksamkeit auf deinen Partner. Zeige durch nonverbale Signale wie Nicken oder Blickkontakt, dass du ihm zuhörst und interessiert bist.

Vermeide es, den anderen zu unterbrechen, wenn er spricht. Oftmals haben wir den Drang, unsere eigene Meinung oder Gedanken sofort mitzuteilen, anstatt dem anderen die Möglichkeit zu geben, seine Gedanken auszusprechen. Indem du deinen Partner ausreden lässt, zeigst du Respekt und Wertschätzung für seine Meinung. Unterbrechungen können dazu führen, dass der Partner sich nicht ernst genommen fühlt oder dass wichtige Informationen verloren gehen.

Wenn du das Bedürfnis verspürst, etwas zu sagen, während dein Partner spricht, halte inne und mache dir bewusst, dass es wichtig ist, ihm zuzuhören. Notiere dir deine Gedanken, um sie später mit deinem Partner zu teilen. Auf diese Weise kannst du sicherstellen, dass du seine Gedanken und Gefühle vollständig verstehst, bevor du deine eigenen äußerst.

Denke daran, dass Kommunikation ein gegenseitiger Prozess ist. Es geht nicht nur darum, deine eigenen Gedanken und Gefühle auszudrücken, sondern auch darum, dem anderen zuzuhören und seine Perspektive zu verstehen. Indem du deinem Partner die Möglichkeit gibst, sich auszudrücken, zeigst du Respekt und stärkst eure Verbindung.

Insgesamt ist es wichtig, den anderen zu respektieren, indem man ihm/ihr zuhört und ihn/sie nicht unterbricht. Indem du aktiv zuhörst und deinem Partner die Möglichkeit gibst, sich auszudrücken, kannst du Missverständnisse vermeiden, Konflikte lösen und eure Beziehung stärken. Nutze die Gelegenheit, deinem Partner zuzuhören und seine Gedanken und Gefühle zu verstehen - es wird sich positiv auf eure Partnerschaft auswirken.

Kapitel 13: Sucht nach gemeinsamen Zielen und Interessen, um eine Win-Win-Situation zu schaffen

In einer Partnerschaft ist es entscheidend, gemeinsame Ziele und Interessen zu identifizieren, um eine Win-Win-Situation zu schaffen. Indem ihr euch gemeinsam auf bestimmte Ziele fokussiert, könnt ihr eure Beziehung stärken, eure Bindung vertiefen und Konflikte konstruktiv lösen. Die Suche nach gemeinsamen Zielen und Interessen erfordert Offenheit, Kommunikation und Kompromissbereitschaft von beiden Seiten. In diesem Kapitel werde ich euch zeigen, wie ihr gemeinsame Ziele identifizieren könnt, wie ihr sie in eure Beziehung integriert und wie ihr eine Win-Win-Situation schafft, die euch beiden zugutekommt.

1. Identifiziert eure individuellen Ziele und Interessen

Bevor ihr gemeinsame Ziele setzen könnt, ist es wichtig, dass ihr euch zunächst eurer individuellen Ziele und Interessen bewusst werdet. Nehmt euch Zeit, um darüber nachzudenken, was euch persönlich wichtig ist, welche Werte ihr habt und welche Ziele ihr in eurem Leben erreichen möchtet. Teilt diese Gedanken und Gefühle mit eurem Partner, um ein besseres Verständnis füreinander zu entwickeln.

2. Findet Schnittmengen und Gemeinsamkeiten

Nachdem ihr eure individuellen Ziele identifiziert habt, sucht nach Schnittmengen und Gemeinsamkeiten. Welche Ziele könnt ihr gemeinsam verfolgen? Gibt es Interessen, die ihr teilt und die als Grundlage für gemeinsame Ziele dienen können? Indem ihr eure Gemeinsamkeiten erkennt, könnt ihr eine Basis für eure gemeinsamen Ziele schaffen.

3. Setzt klare und realistische Ziele

Sobald ihr eure gemeinsamen Interessen identifiziert habt, ist es wichtig, klare und realistische Ziele zu setzen. Überlegt gemeinsam, was ihr erreichen möchtet und wie ihr dorthin gelangen könnt. Formuliert eure Ziele konkret, messbar und zeitlich begrenzt, um eure Fortschritte zu verfolgen und motiviert zu bleiben.

4. Integriert eure Ziele in euren Alltag

Damit eure gemeinsamen Ziele nicht nur theoretisch bleiben, sondern auch in eurem Alltag verankert werden, ist es wichtig, konkrete Schritte zu unternehmen. Plant gemeinsame Aktivitäten, die euch dabei unterstützen, eure Ziele zu erreichen. Schafft Routinen und Strukturen, die es euch ermöglichen, eure Ziele kontinuierlich zu verfolgen.

5. Kommuniziert offen und respektvoll

Die Kommunikation spielt eine entscheidende Rolle bei der Verfolgung gemeinsamer Ziele. Sprecht regelmäßig über eure Fortschritte, Herausforderungen und Bedürfnisse. Gebt einander Feedback und unterstützt euch gegenseitig auf eurem Weg. Achtet darauf, respektvoll miteinander umzugehen und Konflikte konstruktiv zu lösen.

6. Feiert eure Erfolge gemeinsam

Wenn ihr eure gemeinsamen Ziele erreicht habt, feiert eure Erfolge gemeinsam. Nehmt euch Zeit, um eure Errungenschaften zu würdigen und zu feiern. Das stärkt nicht nur eure Bindung zueinander, sondern motiviert auch dazu, weiterhin gemeinsam an euren Zielen zu arbeiten. Egal ob es sich um kleine oder große Erfolge handelt, es ist wichtig, sie zu würdigen und gemeinsam zu genießen.

Plant gemeinsame Aktivitäten oder kleine Überraschungen, um eure Erfolge gebührend zu feiern und eure Partnerschaft zu stärken. Denn das Teilen von Freude und Stolz miteinander schafft eine positive Atmosphäre und festigt eure Beziehung auf eine besondere Weise.

Kapitel 14: Verwendet positive und konstruktive Sprache, um eure Gedanken auszudrücken

In einer Partnerschaft ist die Art und Weise, wie wir miteinander kommunizieren, von entscheidender Bedeutung. Oftmals können Missverständnisse und Konflikte vermieden werden, wenn wir darauf achten, unsere Gedanken und Gefühle auf eine positive und konstruktive Weise auszudrücken. In diesem Kapitel möchten wir euch dazu ermutigen, eure Sprache bewusst zu wählen und eure Kommunikation zu verbessern, um eine liebevolle und respektvolle Beziehung aufzubauen.

1. Achtet auf eure Wortwahl

Die Art und Weise, wie wir unsere Gedanken ausdrücken, kann einen großen Einfluss darauf haben, wie sie von unserem Partner wahrgenommen werden. Verwendet daher positive und konstruktive Wörter, um eure Botschaft klar und respektvoll zu übermitteln.

Anstatt negative Formulierungen wie "Du machst immer..." oder "Du bist nie..." zu verwenden, könnt ihr eure Gedanken in eine positive Form umwandeln. Zum Beispiel könntet ihr sagen: "Ich würde es schätzen, wenn wir in Zukunft mehr Zeit miteinander verbringen könnten."

2. Vermeidet Schuldzuweisungen

In einer Partnerschaft ist es wichtig, Verantwortung für unsere eigenen Gefühle und Handlungen zu übernehmen, anstatt unseren Partner für alles verantwortlich zu machen. Vermeidet daher Schuldzuweisungen und versucht stattdessen, eure Gedanken und Gefühle auf eine konstruktive Weise zu äußern. Anstatt zu sagen: "Du hast mich verletzt", könntet ihr sagen: "Ich fühle mich verletzt, wenn..." Dies ermöglicht es euch, eure eigenen Emotionen klar zu kommunizieren, ohne den anderen zu beschuldigen.

3. Zeigt Wertschätzung

Eine positive und konstruktive Kommunikation beinhaltet auch das Zeigen von Wertschätzung für euren Partner. Sagt ihm oder ihr regelmäßig, wie sehr ihr seine oder ihre Anstrengungen schätzt und wie dankbar ihr für seine oder ihre Unterstützung seid. Kleine Gesten der Wertschätzung können dazu beitragen, eure Bindung zu stärken und eure Beziehung zu vertiefen.

4. Bleibt offen für Feedback

In einer Partnerschaft ist es wichtig, offen für Feedback zu sein und konstruktive Kritik anzunehmen. Wenn euer Partner euch etwas mitteilt, das ihn stört oder verletzt, hört aufmerksam zu und versucht, seine Perspektive zu verstehen. Anstatt sofort in die Verteidigung zu gehen, könnt ihr euch Zeit nehmen, um darüber nachzudenken, wie ihr euer Verhalten verbessern könnt. Eine offene und respektvolle Kommunikation ist der Schlüssel zu einer gesunden und glücklichen Beziehung.

5. Setzt positive Verstärkung ein

Positive Verstärkung kann ein mächtiges Werkzeug sein, um das Verhalten eures Partners zu beeinflussen. Lobt und ermutigt einander für gute Taten und positive Verhaltensweisen.

Zeigt eure Anerkennung, wenn euer Partner etwas tut, das euch glücklich macht, und ermutigt ihn oder sie, weiterhin positive Verhaltensweisen zu zeigen. Durch positive Verstärkung könnt ihr eine Atmosphäre des Respekts und der Wertschätzung in eurer Partnerschaft schaffen. Indem ihr euch gegenseitig ermutigt und lobt, motiviert ihr euch dazu, das Beste aus eurer Beziehung herauszuholen.

Kleine Gesten der Anerkennung können einen großen Unterschied machen und dazu beitragen, dass sich beide Partner geschätzt und geliebt fühlen. Zeigt eure Dankbarkeit und Wertschätzung füreinander, um eine positive Dynamik in eurer Partnerschaft zu fördern und eure Bindung zu vertiefen.

Kapitel 15: Zeigt Empathie und versetzt euch in die Lage des anderen

In einer Partnerschaft ist es von entscheidender Bedeutung, Empathie zu zeigen und sich in die Lage des anderen zu versetzen. Empathie bedeutet, die Gefühle, Gedanken und Perspektiven des Partners zu verstehen und mit ihnen mitzufühlen. Es ist ein wichtiger Bestandteil einer gesunden und harmonischen Beziehung, da sie dazu beiträgt, Verständnis, Respekt und Mitgefühl füreinander zu entwickeln.

Um Empathie in eurer Partnerschaft zu zeigen, ist es wichtig, aktiv zuzuhören und die Gefühle und Bedürfnisse des anderen ernst zu nehmen. Nehmt euch Zeit, um eurem Partner hinzuhören, wenn er über seine Gedanken, Sorgen oder Freuden spricht. Zeigt Interesse an dem, was er zu sagen hat, und versucht, seine Perspektive zu verstehen. Indem ihr euch in die Lage des anderen versetzt, könnt ihr besser nachvollziehen, warum er/sie sich auf eine bestimmte Weise verhält oder reagiert.

Es ist auch wichtig, sich bewusst zu machen, dass jeder Mensch unterschiedliche Erfahrungen, Werte und Überzeugungen hat, die sein Verhalten und seine Reaktionen beeinflussen. Versucht, euch in die Schuhe des anderen zu versetzen und aus seiner Sichtweise zu betrachten, warum er sich so verhält, wie er es tut. Dies kann dazu beitragen, Missverständnisse zu vermeiden und Konflikte zu lösen, indem ihr euch gegenseitig besser versteht.

Empathie zeigt sich auch in kleinen Gesten der Fürsorge und Unterstützung. Wenn euer Partner einen schlechten Tag hatte oder mit einer schwierigen Situation konfrontiert ist, zeigt Mitgefühl und bietet ihm eure Unterstützung an.

Seid einfühlsam und verständnisvoll, anstatt ihn zu kritisieren oder zu ignorieren. Ein offenes Ohr und ein unterstützendes Verhalten können dazu beitragen, dass sich euer Partner verstanden und geliebt fühlt.

Ein weiterer wichtiger Aspekt der Empathie ist die Fähigkeit, sich in die Emotionen des anderen hineinzuversetzen. Wenn euer Partner traurig, wütend oder gestresst ist, versucht zu erkennen, was er gerade durchmacht und wie ihr ihm helfen könnt. Zeigt Mitgefühl und Verständnis für seine Gefühle, anstatt sie abzutun oder zu bagatellisieren. Indem ihr euch einfühlsam zeigt, könnt ihr dazu beitragen, dass sich euer Partner unterstützt und getröstet fühlt.

Es ist auch wichtig, sich bewusst zu machen, dass Empathie nicht nur in schwierigen Zeiten wichtig ist, sondern auch im Alltag. Zeigt Interesse an den kleinen Dingen im Leben eures Partners, hört ihm aufmerksam zu und nehmt seine Bedürfnisse ernst. Seid bereit, euch in seine Lage zu versetzen und ihm zu helfen, wenn er eure Unterstützung braucht. Indem ihr euch gegenseitig mit Empathie begegnet, könnt ihr eine tiefere Verbindung und ein stärkeres Vertrauen in eurer Partnerschaft aufbauen.

Empathie zu zeigen, erfordert auch die Fähigkeit, sich selbst zurückzunehmen und den Fokus auf den anderen zu legen. Versucht, eure eigenen Perspektiven und Gefühle beiseitezuschieben, um euch voll und ganz auf euren Partner einzulassen.

Hört aktiv zu, versucht, die Welt aus seiner oder ihrer Sicht zu sehen, und zeigt Mitgefühl für seine oder ihre Emotionen und Bedürfnisse. Indem ihr euch in euren Partner einfühlt und seine oder ihre Gefühle respektiert, könnt ihr eine tiefere Verbindung herstellen und einander besser verstehen.

Empathie ist ein wichtiger Bestandteil einer gesunden Partnerschaft und kann dazu beitragen, Konflikte zu lösen, Missverständnisse zu vermeiden und das Vertrauen zwischen euch zu stärken.

Zeigt eure Empathie und euer Verständnis füreinander, um eine liebevolle und unterstützende Beziehung aufzubauen.

Kapitel 16: Vermeidet es, den anderen zu verletzen oder abzuwerten

In einer Partnerschaft ist es von entscheidender Bedeutung, den anderen zu respektieren und zu schätzen. Das bedeutet, dass ihr euch bewusst sein müsst, wie eure Worte und Handlungen den anderen beeinflussen können. Vermeidet es, den anderen zu verletzen oder abzuwerten, denn dies kann das Fundament eurer Beziehung erschüttern und zu Konflikten führen.

Um den anderen nicht zu verletzen, ist es wichtig, achtsam mit euren Worten umzugehen. Denkt darüber nach, wie das, was ihr sagt, beim anderen ankommen könnte, und wählt eure Worte mit Bedacht. Vermeidet es, in hitzigen Momenten Dinge zu sagen, die ihr später bereuen könnt. Nehmt euch Zeit, um eure Gedanken zu sammeln und in Ruhe über eure Gefühle zu reflektieren, bevor ihr etwas sagt, das den anderen verletzen könnte.

Darüber hinaus ist es wichtig, den anderen nicht abzuwerten oder herabzusetzen. Jeder Mensch verdient Respekt und Anerkennung, unabhängig von seinen Fehlern oder Schwächen. Vermeidet es, den anderen zu kritisieren oder zu demütigen, selbst wenn ihr anderer Meinung seid. Zeigt stattdessen Verständnis und Mitgefühl für seine oder ihre Perspektive und versucht, gemeinsam eine Lösung zu finden, die für beide Seiten akzeptabel ist.

Wenn es zu Konflikten kommt, ist es wichtig, respektvoll miteinander umzugehen und den anderen nicht zu verletzen. Versucht, eure Meinungsverschiedenheiten auf eine konstruktive und friedliche Weise zu lösen, ohne den anderen abzuwerten oder zu verletzen.

Kommunikation ist der Schlüssel, um Missverständnisse aus dem Weg zu räumen und eine gesunde Lösung zu finden, die für beide Partner zufriedenstellend ist.

Denkt daran, dass eure Worte und Handlungen eine starke Wirkung auf den anderen haben können. Indem ihr euch bemüht, den anderen nicht zu verletzen oder abzuwerten, zeigt ihr Respekt und Wertschätzung für eure Partnerschaft.

Seid einfühlsam und verständnisvoll, auch in schwierigen Situationen, und arbeitet gemeinsam daran, eine liebevolle und unterstützende Beziehung aufzubauen.

In einer gesunden Partnerschaft ist es wichtig, den anderen zu respektieren und zu schätzen. Vermeidet es, den anderen zu verletzen oder abzuwerten, und zeigt stattdessen Empathie und Verständnis füreinander. Indem ihr euch gegenseitig mit Respekt behandelt, könnt ihr eine liebevolle und harmonische Beziehung aufbauen, die von Vertrauen und Wertschätzung geprägt ist.

Kapitel 17: Setzt klare Grenzen und kommuniziert diese offen

In einer Partnerschaft ist es wichtig, klare Grenzen zu setzen und diese offen zu kommunizieren. Grenzen helfen dabei, die Bedürfnisse, Wünsche und Erwartungen jedes Partners zu respektieren und eine gesunde Dynamik in der Beziehung aufrechtzuerhalten. Indem ihr euch bewusst seid, wo eure persönlichen Grenzen liegen und sie klar kommuniziert, könnt ihr Konflikte vermeiden, Missverständnisse klären und eure Bindung stärken.

1. Reflektiert über eure eigenen Grenzen:

Bevor ihr eure Grenzen kommunizieren könnt, ist es wichtig, dass ihr euch selbst darüber im Klaren seid, wo eure persönlichen Grenzen liegen. Nehmt euch Zeit, um über eure Bedürfnisse, Wünsche und Grenzen nachzudenken. Was fühlt sich für euch richtig an?

Was sind eure roten Linien, die nicht überschritten werden dürfen? Indem ihr euch selbst reflektiert, könnt ihr besser verstehen, was euch wichtig ist und wie ihr eure Grenzen setzen könnt.

2. Kommuniziert eure Grenzen offen und ehrlich: Sobald ihr euch über eure eigenen Grenzen im Klaren seid, ist es wichtig, diese offen und ehrlich mit eurem Partner zu kommunizieren. Setzt euch zusammen und sprecht über eure Bedürfnisse, Wünsche und Grenzen. Seid dabei klar und konkret in eurer Kommu-

nikation, damit es zu keinen Missverständnissen kommt. Sagt eurem Partner, was für euch in Ordnung ist und was nicht, und hört auch aufmerksam zu, wenn er oder sie über seine oder ihre Grenzen spricht.

3. Respektiert die Grenzen eures Partners:

Nachdem ihr eure eigenen Grenzen kommuniziert habt, ist es genauso wichtig, die Grenzen eures Partners zu respektieren. Achtet darauf, seine oder ihre Bedürfnisse und Wünsche zu respektieren und nicht über seine oder ihre Grenzen hinwegzugehen. Zeigt Verständnis und Empathie für die Grenzen eures Partners und bemüht euch, diese zu respektieren. Indem ihr einander respektiert, könnt ihr eine gesunde und harmonische Beziehung aufbauen.

4. Klärt Missverständnisse und Konflikte:

Trotz klarer Kommunikation können immer wieder Missverständnisse oder Konflikte auftreten. Wenn dies geschieht, ist es wichtig, ruhig und respektvoll miteinander zu sprechen, um die Situation zu klären. Hört einander hin, versucht die Perspektive des anderen zu verstehen und arbeitet gemeinsam an einer Lösung. Konflikte können dazu dienen, eure Beziehung zu stärken, wenn ihr sie konstruktiv angeht und gemeinsam daran arbeitet.

5. Bleibt flexibel und offen für Veränderungen:

Grenzen können sich im Laufe einer Beziehung verändern, da sich auch eure Bedürfnisse und Wünsche entwickeln. Seid daher flexibel und offen für Veränderungen in euren Grenzen.

Nehmt euch regelmäßig Zeit, um über eure Grenzen zu sprechen und zu reflektieren, ob sie noch zu euch passen. Seid bereit, eure Grenzen anzupassen und gemeinsam mit eurem Partner neue Wege zu finden, um eure Beziehung zu stärken und eure Bedürfnisse zu erfüllen.

Es ist wichtig, dass ihr euch gegenseitig Raum gebt, um euch weiterzuentwickeln und eure Beziehung an neue Umstände anzupassen. Seid bereit, Kompromisse einzugehen und gemeinsam Lösungen zu finden, die für beide Seiten akzeptabel sind.

Indem ihr flexibel und offen für Veränderungen seid, könnt ihr eure Beziehung dynamisch und lebendig halten und gemeinsam wachsen. Bleibt kommunikativ und respektvoll im Umgang miteinander, um eure Beziehung auf einem soliden Fundament zu halten.

Kapitel 18: Vermeidet es, den Konflikt über soziale Medien oder Dritte auszutragen

In einer Beziehung ist es unvermeidlich, dass es zu Konflikten kommt. Konflikte können entstehen, wenn unterschiedliche Bedürfnisse, Meinungen oder Erwartungen aufeinanderprallen.

Es ist wichtig, Konflikte konstruktiv anzugehen und gemeinsam nach Lösungen zu suchen. Ein häufiger Fehler, den viele Paare machen, ist es, den Konflikt über soziale Medien oder Dritte auszutragen. Dies kann die Situation verschlimmern und die Beziehung belasten. In diesem Kapitel möchten wir euch erklären, warum es wichtig ist, Konflikte direkt und persönlich zu lösen und wie ihr dies am besten tun könnt.

Wenn es in eurer Beziehung zu Konflikten kommt, ist es verständlich, dass ihr euch vielleicht dazu verleitet fühlt, eure Gefühle und Gedanken über soziale Medien wie Facebook, Instagram oder Twitter auszudrücken. Vielleicht möchtet ihr euren Freunden oder Familienmitgliedern von eurem Ärger erzählen und um Rat fragen.

Doch Vorsicht! Das Ausbreiten von Konflikten über soziale Medien kann zu Missverständnissen führen und die Situation noch komplizierter machen. Oftmals werden Dinge falsch interpretiert oder übertrieben dargestellt, was zu weiteren Spannungen führen kann.

Es ist wichtig, dass ihr euch bewusst macht, dass soziale Medien nicht der richtige Ort sind, um eure Beziehungsprobleme zu lösen. Statt eure Konflikte öffentlich zu machen, solltet ihr versuchen, sie privat und persönlich zu klären. Setzt euch zusammen und sprecht in Ruhe über eure Gefühle und Bedürfnisse.

Versucht, euch gegenseitig zuzuhören und zu verstehen, was der andere wirklich meint. Kommunikation ist der Schlüssel, um Missverständnisse aus dem Weg zu räumen und eine Lösung zu finden, mit der beide zufrieden sind.

Ein weiterer Fehler, den viele Paare machen, ist es, Dritte in ihre Konflikte einzubeziehen. Vielleicht fühlt ihr euch dazu verleitet, eure Freunde oder Familienmitglieder um Rat zu fragen oder sie in eure Auseinandersetzungen einzubeziehen.

Doch auch hier ist Vorsicht geboten!

Dritte können oft nicht objektiv urteilen und ihre eigenen Erfahrungen und Meinungen in die Situation einbringen, was zu weiteren Verwirrungen führen kann.

Es ist wichtig, dass ihr als Paar lernt, eure Konflikte untereinander zu lösen, ohne Dritte einzubeziehen. Versucht, eure Probleme gemeinsam zu bewältigen und euch auf eure Beziehung zu konzentrieren. Wenn ihr das Bedürfnis habt, mit jemand anderem über eure Probleme zu sprechen, dann wählt eine neutrale Person, die objektiv und vertrauenswürdig ist. Hier kann ich euch als Paar-Therapeut dabei helfen, eure Konflikte zu verstehen und konstruktive Lösungen zu finden.

Den Konflikt über soziale Medien oder Dritte auszutragen, kann eure Beziehung belasten und das Vertrauen zwischen euch schwächen. Es ist wichtig, dass ihr lernt, Konflikte direkt miteinander zu lösen und offen über eure Gefühle und Bedürfnisse zu kommunizieren. Vermeidet es, eure Probleme über soziale Medien oder durch Dritte auszutragen, da dies zu Missverständnissen und weiteren Konflikten führen kann.

Nehmt euch Zeit, um in Ruhe miteinander zu sprechen und sucht gemeinsam nach Lösungen, die für beide Seiten akzeptabel sind. Zeigt Respekt und Empathie füreinander, auch in schwierigen Situationen, und arbeitet gemeinsam daran, eure Beziehung zu stärken.

Indem ihr Konflikte konstruktiv angeht und offen miteinander kommuniziert, könnt ihr eure Beziehung vertiefen und gemeinsam wachsen.

Kapitel 19: Plant regelmäßige Gespräche, um über Probleme und Bedenken zu sprechen

In einer gesunden Beziehung ist es wichtig, regelmäßig Zeit für offene und ehrliche Gespräche zu reservieren. Diese Gespräche bieten euch die Möglichkeit, über Probleme, Bedenken und Wünsche zu sprechen, um eure Beziehung zu stärken und Missverständnisse zu vermeiden. Indem ihr euch bewusst Zeit nehmt, um miteinander zu kommunizieren, könnt ihr eure Bindung vertiefen und gemeinsam Lösungen finden, die für beide Seiten zufriedenstellend sind.

Plant regelmäßige Gespräche, um über Probleme und Bedenken zu sprechen, kann eine positive Auswirkung auf eure Beziehung haben. Indem ihr euch bewusst Zeit nehmt, um miteinander zu kommunizieren, zeigt ihr eurem Partner, dass ihr seine Gedanken und Gefühle respektiert und ernst nehmt. Diese regelmäßigen Gespräche können dazu beitragen, Missverständnisse frühzeitig zu klären und Konflikte zu vermeiden, bevor sie zu größeren Problemen werden.

Es ist wichtig, dass ihr euch für diese Gespräche Zeit nehmt und einen geeigneten Rahmen schafft, um offen und ehrlich miteinander zu sprechen. Wählt einen ruhigen Ort, an dem ihr ungestört seid, und plant diese Gespräche bewusst ein, um sicherzustellen, dass sie regelmäßig stattfinden. Setzt euch gemeinsam Ziele für diese Gespräche und vereinbart, welche Themen ihr besprechen möchtet, um sicherzustellen, dass beide Seiten die Möglichkeit haben, ihre Anliegen zu äußern.

Während dieser Gespräche ist es wichtig, aktiv zuzuhören und respektvoll miteinander umzugehen. Gebt eurem Partner die Möglichkeit, seine Gedanken und Gefühle auszudrücken, ohne ihn zu unterbrechen oder zu beurteilen. Zeigt Empathie und Verständnis für seine Perspektive und versucht, aus seiner Sichtweise zu verstehen, was ihn bewegt. Seid bereit, auch über schwierige Themen zu sprechen und konstruktive Lösungen zu finden, die für beide Seiten akzeptabel sind.

Nutzt diese Gespräche auch dazu, um eure Bedürfnisse und Wünsche zu äußern und gemeinsam nach Möglichkeiten zu suchen, wie ihr sie erfüllen könnt. Seid offen für Feedback und konstruktive Kritik und nehmt sie als Chance wahr, um eure Beziehung weiter zu verbessern. Plant regelmäßige Gespräche, um über Probleme und Bedenken zu sprechen, kann dazu beitragen, eure Bindung zu vertiefen und eure Beziehung auf einem soliden Fundament zu halten.

Denkt daran, dass Kommunikation der Schlüssel zu einer gesunden und glücklichen Beziehung ist. Indem ihr regelmäßig Zeit für offene und ehrliche Gespräche reserviert, könnt ihr Missverständnisse vermeiden, Konflikte lösen und eure Bindung stärken. Plant diese Gespräche bewusst ein und nehmt sie ernst, um sicherzustellen, dass eure Beziehung weiterwachsen und gedeihen kann.

Zeigt Empathie und Verständnis für die Perspektive des anderen und versucht, aus seiner Sichtweise ihn/sie zu verstehen, um eine gemeinsame Lösung zu finden. Denkt daran, dass es normal ist, unterschiedliche Meinungen und Bedürfnisse zu haben, aber es ist entscheidend, respektvoll miteinander umzugehen und Kompromisse einzugehen. Durch eine offene und einfühlsame Kommunikation könnt ihr eure Beziehung vertiefen und einander näherkommen. Seid geduldig und aufmerksam zueinander, um einander zu unterstützen und gemeinsam eine starke und liebevolle Partnerschaft aufzubauen.

Kapitel 20: Verwendet aktives Zuhören, um sicherzustellen, dass ihr den anderen richtig versteht

In einer Beziehung ist es von entscheidender Bedeutung, dass beide Partner sich gegenseitig verstehen und aufeinander eingehen. Oftmals kann es jedoch schwierig sein, die Gedanken und Gefühle des anderen vollständig zu erfassen. Hier kommt das Konzept des aktiven Zuhörens ins Spiel, eine wichtige Fähigkeit, um sicherzustellen, dass ihr euren Partner richtig versteht und euch auf einer tieferen Ebene verbinden könnt.

Aktives Hinhören bedeutet, nicht nur passiv hinzuhören, sondern sich aktiv auf das Gesagte zu konzentrieren, es zu verstehen und angemessen darauf zu reagieren. Es geht darum, dem anderen Partner volle Aufmerksamkeit zu schenken, seine Worte, Tonfall und Körpersprache zu interpretieren und sich in seine Perspektive hineinzuversetzen. Durch aktives Hinhören könnt ihr sicherstellen, dass ihr die Bedürfnisse, Wünsche und Gefühle eures Partners wirklich versteht und respektiert.

Um aktiv zuzuhören, ist es wichtig, Ablenkungen zu minimieren und sich bewusst auf das Gespräch zu konzentrieren. Schafft eine ruhige und entspannte Atmosphäre, in der ihr euch ungestört austauschen könnt. Wendet eure volle Aufmerksamkeit eurem Partner zu, indem ihr Blickkontakt haltet, nickt, um euer Verständnis zu signalisieren, und gelegentlich Zusammenfassungen oder Rückfragen stellt, um sicherzugehen, dass ihr das Gesagte richtig verstanden habt.

Ein wichtiger Aspekt des aktiven Zuhörens ist es, nicht nur die Worte eures Partners zu hören, sondern auch auf seine Emotionen und nonverbale Signale zu achten. Oftmals können Gefühle wie Unsicherheit, Traurigkeit oder Wut zwischen den Zeilen verborgen sein. Indem ihr sensibel auf diese emotionalen Nuancen reagiert, könnt ihr eurem Partner zeigen, dass ihr wirklich einfühlsam seid und euch um sein Wohlergehen kümmert.

Ein weiterer wichtiger Schritt beim aktiven Hinhören ist es, das Gesagte zu paraphrasieren und Rückmeldungen zu geben. Wiederholt in eigenen Worten, was euer Partner gesagt hat, um sicherzustellen, dass ihr es richtig verstanden habt. Gebt ihm Feedback, indem ihr seine Gefühle und Bedürfnisse zusammenfasst und eure Unterstützung oder Verständnis ausdrückt. Auf diese Weise könnt ihr eurem Partner zeigen, dass ihr wirklich aufmerksam zugehört habt und euch um seine Anliegen kümmert.

Aktives Hinhören erfordert auch die Fähigkeit, empathisch zu sein und sich in die Lage des anderen hineinzuversetzen. Versucht, die Welt aus der Perspektive eures Partners zu sehen und seine Gedanken und Gefühle nachzuvollziehen. Zeigt Mitgefühl und Verständnis für seine Sichtweise, auch wenn ihr anderer Meinung seid. Indem ihr euch einfühlsam auf euren Partner einlasst, könnt ihr eine tiefere Verbindung herstellen und eure Beziehung stärken.

Es ist wichtig zu betonen, dass aktives Hinhören keine Einbahnstraße ist. Gebt eurem Partner die gleiche Aufmerksamkeit und den gleichen Respekt, den ihr selbst erwartet. Zeigt Interesse an seinen Gedanken und Gefühlen, stellt Fragen, um besser zu verstehen, und spiegelt seine Aussagen wider, um zu zeigen, dass ihr wirklich zuhört.

Durch gegenseitiges Verständnis und Empathie könnt ihr eine tiefere Verbindung aufbauen und eure Beziehung auf ein neues Level heben. Denkt daran, dass Kommunikation ein kontinuierlicher Prozess ist, der Pflege und Aufmerksamkeit erfordert.

Indem ihr aktiv miteinander kommuniziert und euch gegenseitig unterstützt, könnt ihr eine liebevolle und erfüllende Partnerschaft aufbauen.

Kapitel 21: "Sucht nach gemeinsamen Lösungen, anstatt euch gegenseitig zu bekämpfen"

In der heutigen schnelllebigen und oft konfliktreichen Welt ist es entscheidend, dass wir lernen, gemeinsam nach Lösungen zu suchen, anstatt uns gegenseitig zu bekämpfen. Indem wir uns auf Kooperation und Kompromisse konzentrieren, können wir Konflikte lösen und eine positive Veränderung in unseren Beziehungen und in der Welt um uns herum bewirken.

Es ist wichtig zu verstehen, dass Konflikte und Meinungsverschiedenheiten ein natürlicher Bestandteil des menschlichen Zusammenlebens sind. Jeder von uns hat unterschiedliche Bedürfnisse, Werte und Perspektiven, die zu Konflikten führen können. Anstatt diese Konflikte zu ignorieren oder zu unterdrücken, ist es wichtig, sie anzuerkennen und konstruktiv damit umzugehen.

Der erste Schritt zur Lösung von Konflikten besteht darin, aktiv zuzuhören, bzw. HINzuhören, und die Perspektive des anderen zu verstehen. Indem wir uns die Zeit nehmen, zuzuhören und die Gefühle und Bedürfnisse des an-deren zu respektieren, können wir eine gemeinsame Basis für die Lösung des Konflikts schaffen. Es ist wichtig, offen und ehrlich miteinander zu kommunizieren, ohne Vorurteile oder Urteile zu fällen.

Ein weiterer wichtiger Aspekt bei der Suche nach gemeinsamen Lösungen ist die Bereitschaft, Kompromisse einzugehen. Niemand von uns kann immer alles bekommen, was er will, und es ist wichtig, flexibel zu sein und nach Win-Win-Lösungen zu suchen, die die Bedürfnisse aller Beteiligten berücksichtigen. Indem wir bereit sind, aufeinander zuzugehen und gemeinsam nach Lösungen zu suchen, können wir Konflikte überwinden und unsere Beziehungen stärken.

Es ist auch wichtig, sich bewusst zu machen, dass Konflikte oft auf Missverständnissen oder unklarer Kommunikation beruhen. Indem wir uns bemühen, klar und respektvoll miteinander zu kommunizieren, können wir Missverständnisse vermeiden und Konflikte frühzeitig erkennen und lösen. Es ist hilfreich, offen für Feedback zu sein und konstruktive Kritik anzunehmen, um unsere Kommunikationsfähigkeiten zu verbessern und unsere Beziehungen zu stärken.

Ein weiterer wichtiger Aspekt bei der Suche nach gemeinsamen Lösungen ist die Fähigkeit, Empathie zu zeigen und sich in die Lage des anderen zu versetzen. Indem wir versuchen, die Welt aus der Perspektive des anderen zu sehen und seine Gefühle und Bedürfnisse zu verstehen, können wir Mitgefühl und Verständnis entwickeln und eine tiefere Verbindung aufbauen. Es ist wichtig, sich in den anderen hineinzuversetzen und seine Perspektive zu respektieren, auch wenn wir nicht immer einer Meinung sind.

Es ist auch wichtig, sich bewusst zu machen, dass Konflikte oft auf tieferliegenden Problemen oder ungelösten Emotionen beruhen können. Indem wir bereit sind, uns unseren eigenen Gefühlen und Bedürfnissen zu stellen und sie konstruktiv zu kommunizieren, können wir Konflikte frühzeitig erkennen und angehen.

Es ist entscheidend, Konflikte als Chancen zur persönlichen und partnerschaftlichen Weiterentwicklung zu sehen. Nutzt Konflikte als Gelegenheit, um eure Kommunikationsfähigkeiten zu verbessern, eure Bedürfnisse klar zu artikulieren und gemeinsam nach Lösungen zu suchen. Seid offen für Kompromisse und sucht nach Win-Win-Lösungen, die die Bedürfnisse beider Partner berücksichtigen. Durch konstruktive Konfliktlösung könnt ihr eure Beziehung stärken und gemeinsam wachsen.

Denkt daran, dass es normal ist, unterschiedliche Ansichten zu haben, aber es ist entscheidend, respektvoll und einfühlsam miteinander umzugehen, um Konflikte konstruktiv zu lösen.

Kapitel 22: Vermeidet es, den anderen zu manipulieren oder zu erpressen

In einer gesunden Beziehung ist es von entscheidender Bedeutung, dass beide Partner sich auf Augenhöhe begegnen und einander mit Respekt und Wertschätzung behandeln. Manipulation und Erpressung sind destruktive Verhaltensweisen, die das Fundament einer Partnerschaft untergraben können. Indem ihr euch bewusst seid und aktiv daran arbeitet, diese negativen Verhaltensmuster zu vermeiden, könnt ihr eine liebevolle und respektvolle Beziehung aufbauen.

Manipulation beinhaltet den Versuch, den anderen Partner dazu zu bringen, etwas Bestimmtes zu tun oder zu sagen, indem man subtile oder offensichtliche Druckmittel einsetzt. Dies kann durch Schuldzuweisungen, Lügen, Drohungen oder das Zurückhalten von Zuneigung geschehen. Indem man den anderen manipuliert, versucht man, die Kontrolle über die Beziehung zu gewinnen und seine eigenen Bedürfnisse auf Kosten des Partners zu erfüllen.

Erpressung ist eine noch extremere Form der Manipulation, bei der der Partner gezwungen wird, bestimmte Handlungen auszuführen, indem ihm mit negativen Konsequenzen gedroht wird. Dies kann emotionaler, finanzieller oder physischer Natur sein und schafft ein Klima der Angst und Unsicherheit in der Beziehung.

Um Manipulation und Erpressung zu vermeiden, ist es wichtig, ehrlich und transparent miteinander zu kommunizieren. Wenn ihr ein Bedürfnis habt oder euch unwohl fühlt, teilt dies offen mit und sucht gemeinsam nach Lösungen, die für beide akzeptabel sind. Vermeidet es, den anderen unter Druck zu setzen oder ihn zu zwingen, euren Wünschen nachzukommen.

Ein weiterer wichtiger Aspekt ist es, die Bedürfnisse und Grenzen des Partners zu respektieren. Jeder Mensch hat das Recht auf Selbstbestimmung und Autonomie, und es ist wichtig, dies in einer Partnerschaft zu respektieren. Versucht nicht, den anderen zu kontrollieren oder zu dominieren, sondern ermutigt ihn, seine eigenen Entscheidungen zu treffen und seinen eigenen Weg zu gehen.

Wenn ihr das Gefühl habt, dass eure Bedürfnisse in der Beziehung nicht erfüllt werden, sprecht darüber und sucht gemeinsam nach Kompromissen. Vermeidet es, passiv-aggressives Verhalten an den Tag zu legen oder den anderen emotional zu erpressen, um euren Willen durchzusetzen. Eine offene und ehrliche Kommunikation ist der Schlüssel zu einer gesunden und harmonischen Partnerschaft.

Denkt daran, dass eine Beziehung auf Vertrauen, Respekt und gegenseitiger Unterstützung basieren sollte. Wenn ihr das Gefühl habt, dass ihr den anderen manipuliert oder erpresst, reflektiert über euer Verhalten und sucht nach konstruktiven Möglichkeiten, um eure Beziehung zu verbessern. Indem ihr euch gegenseitig mit Respekt behandelt und einander auf Augenhöhe begegnet, könnt ihr eine liebevolle und erfüllende Partnerschaft aufbauen, die von Vertrauen und Harmonie geprägt ist.

Kapitel 23: Seid bereit, Verantwortung für eure eigenen Fehler und Handlungen zu übernehmen

In einer Partnerschaft ist es unerlässlich, Verantwortung für eure eigenen Fehler und Handlungen zu übernehmen. Dies bedeutet, dass ihr euch bewusst seid, dass ihr nicht perfekt seid und dass ihr Fehler machen werdet. Es ist wichtig, diese Fehler anzuerkennen, sie nicht zu leugnen oder auf andere abzuwälzen, sondern die Verantwortung dafür zu übernehmen.

Wenn ihr einen Fehler gemacht habt, seid mutig genug, um dazu zu stehen. Es erfordert Stärke und Ehrlichkeit, sich einzugestehen, dass ihr einen Fehler begangen habt. Dies zeigt nicht nur Reife, sondern auch Respekt gegenüber eurem Partner. Indem ihr Verantwortung übernehmt, zeigt ihr, dass ihr bereit seid, aus euren Fehlern zu lernen und euch weiterzuentwickeln.

Es ist wichtig, dass ihr euch nicht in Schuldgefühlen verliert, sondern konstruktiv mit euren Fehlern umgeht. Nehmt sie als Lernchance an und reflektiert darüber, was ihr aus der Situation lernen könnt. Seid bereit, eure Handlungen zu hinterfragen und euch zu verbessern. Dies zeigt eurem Partner, dass ihr an einer positiven Veränderung arbeitet und eure Beziehung ernst nehmt.

Verantwortung zu übernehmen, bedeutet auch, die Konsequenzen eurer Handlungen zu tragen. Wenn ihr einen Fehler gemacht habt, seid bereit, die Konsequenzen zu akzeptieren und gegebenenfalls Wiedergutmachung zu leisten. Dies zeigt eure

Aufrichtigkeit und den Willen, die Beziehung zu reparieren und das Vertrauen eures Partners zurückzugewinnen.

Es ist wichtig, dass ihr euch nicht in Selbstvorwürfen verliert, sondern konstruktiv mit euren Fehlern umgeht. Nehmt sie als Lernchance an und reflektiert darüber, was ihr aus der Situation lernen könnt. Seid bereit, eure Handlungen zu hinterfragen und euch zu verbessern. Dies zeigt eurem Partner, dass ihr an einer positiven Veränderung arbeitet und eure Beziehung ernst nehmt.

Verantwortung zu übernehmen bedeutet auch, die Konsequenzen eurer Handlungen zu tragen. Wenn ihr einen Fehler gemacht habt, seid bereit, die Konsequenzen zu akzeptieren und gegebenenfalls Wiedergutmachung zu leisten.

Dies zeigt eure Reife und Ehrlichkeit in der Beziehung. Es ist wichtig, Verantwortung für euer Handeln zu übernehmen und die Auswirkungen auf euren Partner anzuerkennen. Zeigt euch aufrichtig und bereit, aus euren Fehlern zu lernen, um sie in Zukunft zu vermeiden. Indem ihr Verantwortung übernehmt und euch für eure Handlungen entschuldigt, könnt ihr das Vertrauen und die Verbundenheit in eurer Partnerschaft stärken. Seid bereit, Verantwortung zu übernehmen und gemeinsam an einer positiven und respektvollen Beziehung zu arbeiten.

Kapitel 24: Vermeidet es, den Konflikt zu eskalieren, indem ihr respektvoll bleibt

In einer Partnerschaft ist es unvermeidlich, dass es zu Konflikten kommt. Unterschiedliche Meinungen, Bedürfnisse und Perspektiven können zu Spannungen führen, die zu Konflikten führen.

Doch wie ihr mit diesen Konflikten umgeht, kann den Unterschied zwischen einer gesunden und harmonischen Beziehung und einer zerbrochenen Partnerschaft ausmachen. In diesem Kapitel werden wir darüber sprechen, wie ihr vermeiden könnt, den Konflikt zu eskalieren, indem ihr respektvoll bleibt.

Der erste Schritt, um Konflikte zu vermeiden, besteht darin, achtsam zu sein und frühzeitig Warnsignale zu erkennen. Oftmals beginnen Konflikte mit kleinen Unstimmigkeiten oder Missverständnissen, die sich im Laufe der Zeit zu größeren Problemen entwickeln können. Indem ihr sensibel auf Veränderungen in der Stimmung oder im Verhalten eures Partners reagiert, könnt ihr frühzeitig eingreifen und den Konflikt entschärfen, bevor er eskaliert.

Ein weiterer wichtiger Aspekt ist es, respektvoll miteinander umzugehen, auch wenn ihr unterschiedlicher Meinung seid. Respekt ist das Fundament jeder gesunden Beziehung und bildet die Grundlage für eine konstruktive Konfliktlösung. Zeigt eurem Partner gegenüber Wertschätzung und Achtung, auch wenn ihr anderer Meinung seid. Vermeidet es, abwertend oder verletzend zu sein, selbst wenn ihr frustriert oder verärgert seid.

Respektvolles Verhalten schafft eine Atmosphäre des Vertrauens und der Offenheit, die es euch ermöglicht, Konflikte auf eine konstruktive Weise anzugehen.

Ein weiterer wichtiger Punkt ist es, aktiv zuzuhören und die Perspektive eures Partners zu verstehen. Oftmals entstehen Konflikte aus Missverständnissen oder unterschiedlichen Interpretationen derselben Situation. Indem ihr euch die Zeit nehmt, eurem Partner zuzuhören und seine Sichtweise zu verstehen, könnt ihr Missverständnisse klären und Konflikte vermeiden. Zeigt Interesse an den Gefühlen und Bedürfnissen eures Partners und versucht, euch in seine Lage zu versetzen. Durch empathisches Hinhören könnt ihr Konflikte frühzeitig erkennen und gemeinsam nach Lösungen suchen.

Ein weiterer wichtiger Aspekt ist es, ruhig und gelassen zu bleiben, auch wenn die Emotionen hochkochen. Konflikte können schnell eskalieren, wenn ihr euch von euren Emotionen überwältigen lasst und impulsiv reagiert. Versucht, eure Emotionen zu kontrollieren und bleibt ruhig und sachlich, auch wenn ihr euch verletzt oder wütend fühlt. Nehmt euch die Zeit, um eure Gedanken zu ordnen und überlegt, bevor ihr reagiert. Durch eine ruhige und besonnene Reaktion könnt ihr den Konflikt entschärfen und eine Eskalation verhindern.

Ein weiterer wichtiger Aspekt ist es, Kompromisse einzugehen und nach Win-Win-Lösungen zu suchen. In einer Partnerschaft ist es wichtig, nicht nur die eigenen Bedürfnisse im Blick zu haben, sondern auch die Bedürfnisse des Partners zu berücksichtigen. Indem ihr bereit seid, Kompromisse einzugehen und gemeinsame Lösungen zu finden, könnt ihr Konflikte konstruktiv lösen und eure Beziehung stärken.

Seid offen für die Perspektive des anderen und sucht nach Wegen, die Bedürfnisse beider Seiten zu erfüllen. Auf diese Weise könnt ihr eine harmonische und ausgewogene Partnerschaft aufbauen, die von gegenseitigem Respekt, Verständnis und Unterstützung geprägt ist.

Kapitel 25: Sucht nach Kompromissen, die auf den Bedürfnissen beider Partner basieren

In einer gesunden und glücklichen Partnerschaft ist es entscheidend, dass beide Partner bereit sind, Kompromisse einzugehen und nach Lösungen zu suchen, die auf den Bedürfnissen beider Seiten basieren. Kompromisse sind ein wichtiger Bestandteil jeder Beziehung, da sie es ermöglichen, Konflikte zu lösen, Missverständnisse aus dem Weg zu räumen und eine harmonische und ausgewogene Partnerschaft aufzubauen.

Um Kompromisse zu finden, die auf den Bedürfnissen beider Partner basieren, ist es wichtig, zunächst die eigenen Bedürfnisse und Wünsche zu reflektieren. Nehmt euch Zeit, um darüber nachzudenken, was euch wichtig ist und was ihr von eurer Beziehung erwartet. Seid ehrlich zu euch selbst und identifiziert die Bereiche, in denen ihr bereit seid, Zugeständnisse zu machen, um euren Partner glücklich zu machen.

Sobald ihr eure eigenen Bedürfnisse und Wünsche klar definiert habt, ist es wichtig, auch die Bedürfnisse eures Partners zu berücksichtigen. Kommuniziert offen und ehrlich miteinander, um herauszufinden, was euer Partner sich von der Beziehung erhofft und welche Kompromisse er bereit ist einzugehen. Zeigt Verständnis für die Perspektive des anderen und seid bereit, euch in seine Lage zu versetzen.

Bei der Suche nach Kompromissen, die auf den Bedürfnissen beider Partner basieren, ist es wichtig, eine Win-Win-Lösung anzustreben. Das bedeutet, dass die gefundene Lösung für beide Seiten akzeptabel und vorteilhaft sein sollte. Vermeidet es, Kompromisse einzugehen, die nur einem Partner zugutekommen, da dies langfristig zu Unzufriedenheit und Spannungen in der Beziehung führen kann.

Ein weiterer wichtiger Aspekt bei der Suche nach Kompromissen ist es, flexibel zu sein und alternative Lösungen in Betracht zu ziehen. Seid bereit, verschiedene Optionen zu prüfen und gemeinsam nach einer Lösung zu suchen, die für beide Seiten fair und ausgewogen ist. Denkt daran, dass Kompromisse nicht bedeuten, dass ihr eure eigenen Bedürfnisse komplett aufgeben müsst, sondern vielmehr, dass ihr bereit seid, einen Mittelweg zu finden, der für beide Seiten zufriedenstellend ist.

Es ist auch wichtig, geduldig zu sein und nicht sofort aufzugeben, wenn ihr auf Widerstand oder Meinungsverschiedenheiten stoßt. Konflikte und Meinungsverschiedenheiten sind normal in einer Beziehung und bieten die Möglichkeit, gemeinsam zu wachsen und sich weiterzuentwickeln. Bleibt respektvoll und einfühlsam im Umgang miteinander und sucht nach Wegen, um gemeinsam eine Lösung zu finden, die auf den Bedürfnissen beider Partner basiert.

Letztendlich ist es entscheidend, dass ihr euch gegenseitig unterstützt und respektiert, während ihr nach Kompromissen sucht, die auf den Bedürfnissen beider Partner basieren. Eine erfolgreiche Partnerschaft beruht auf Vertrauen, Offenheit und der Bereitschaft, gemeinsam an einer positiven und erfüllenden Beziehung zu arbeiten. Indem ihr euch gegenseitig unterstützt und respektiert, könnt ihr eine tiefe Verbundenheit aufbauen, die euch durch Höhen und Tiefen trägt.

Es ist wichtig, einander zu ermutigen, zu inspirieren und zu stärken, während ihr gemeinsam an eurer Beziehung arbeitet. Zeigt Wertschätzung füreinander und seid bereit, euch gegenseitig zu helfen, zu wachsen und zu entwickeln. Indem ihr diese Werte in eurer Partnerschaft lebt, könnt ihr eine liebevolle und erfüllende Beziehung aufbauen, die euch beide glücklich macht.

Kapitel 26: Vermeidet es, alte Verletzungen und Vergangenheitsthemen in den Konflikt einzubringen

In diesem Kapitel möchte ich mit euch über ein wichtiges Thema sprechen, das eure Beziehung stark beeinflussen kann:

Den Umgang mit alten Verletzungen und Vergangenheitsthemen in Konfliktsituationen. Es ist entscheidend, dass ihr lernt, diese sensiblen Themen auf eine gesunde und konstruktive Weise anzugehen, um eure Partnerschaft zu stärken und zu schützen.

Oftmals neigen wir dazu, alte Verletzungen und ungelöste Probleme aus der Vergangenheit in aktuellen Konflikten hervorzubringen. Dies kann zu einer Eskalation der Situation führen und das Vertrauen zwischen euch beiden beeinträchtigen. Es ist wichtig, sich bewusst zu machen, dass jede Person eine eigene Geschichte und Erfahrungen mit sich bringt, die sie geprägt haben. Diese Erfahrungen können dazu führen, dass bestimmte Themen oder Verhaltensweisen besonders sensibel sind und alte Wunden wieder aufreißen können.

Um dies zu vermeiden, ist es wichtig, dass ihr euch gegenseitig respektiert und einfühlsam miteinander umgeht. Versucht, in Konfliktsituationen nicht auf vergangene Verletzungen zurückzugreifen, sondern konzentriert euch auf das aktuelle Problem und sucht gemeinsam nach Lösungen. Es kann hilfreich sein, sich bewusst zu machen, dass jeder von euch seine eigenen Herausforderungen und Schwierigkeiten hat und dass es wichtig ist, einander mit Verständnis und Mitgefühl zu begegnen.

Ein weiterer wichtiger Aspekt ist es, offen über eure Gefühle und Bedürfnisse zu sprechen. Wenn euch etwas verletzt oder belastet, teilt es mit eurem Partner und sucht gemeinsam nach Wegen, wie ihr damit umgehen könnt. Vermeidet es, eure Emotionen zu unterdrücken oder sie in euch hineinzufressen, da dies zu einer Verschärfung der Situation führen kann. Offene Kommunikation ist der Schlüssel zu einer gesunden und starken Beziehung.

Es kann auch hilfreich sein, gemeinsam an eurer Kommunikation zu arbeiten und Konfliktlösungsstrategien zu entwickeln. Lernt, aufeinander zuzugehen und einander zuzuhören, ohne vorschnelle Urteile zu fällen. Versucht, die Perspektive des anderen zu verstehen und respektiert seine Meinung, auch wenn ihr nicht immer einer Meinung seid. Durch eine offene und respektvolle Kommunikation könnt ihr Missverständnisse vermeiden und Konflikte konstruktiv lösen.

Es ist auch wichtig, sich bewusst zu machen, dass jeder von euch Fehler macht und dass es normal ist, nicht immer perfekt zu sein. Akzeptiert einander mit euren Stärken und Schwächen und seid bereit, einander zu vergeben und zu unterstützen. Vermeidet es, Schuldzuweisungen zu machen oder den anderen für vergangene Fehler zu bestrafen. Stattdessen konzentriert euch darauf, gemeinsam an einer positiven und liebevollen Beziehung zu arbeiten.

Denkt daran, dass es in einer Partnerschaft darum geht, einander zu unterstützen, zu respektieren und einander zu lieben.

Es ist wichtig, dass ihr euch gegenseitig Raum gebt, um individuell zu wachsen und euch weiterzuentwickeln, während ihr gleichzeitig als Team zusammenarbeitet. Kommunikation ist der Schlüssel zu einer gesunden und starken Partnerschaft - seid offen, ehrlich und einfühlsam miteinander.

Nehmt euch Zeit, um einander zuzuhören und die Bedürfnisse des anderen zu verstehen. Indem ihr einander respektiert, unterstützt und liebt, könnt ihr eine tiefe und erfüllende Verbindung aufbauen, die euch durch alle Herausforderungen des Lebens trägt.

Kapitel 27: Seid geduldig und gebt euch gegenseitig Zeit, um Lösungen zu finden

In einer Partnerschaft ist es unerlässlich, geduldig miteinander umzugehen und sich die Zeit zu nehmen, um gemeinsam Lösungen für Probleme zu finden. Es ist wichtig zu verstehen, dass nicht alles sofort gelöst werden kann und dass es manchmal Zeit braucht, um Kompromisse zu finden und auf einen gemeinsamen Nenner zu kommen.

Wenn ihr euch in einer schwierigen Situation befindet oder mit Herausforderungen konfrontiert seid, ist es wichtig, ruhig zu bleiben und nicht überstürzt zu handeln. Nehmt euch die Zeit, um die Situation aus verschiedenen Blickwinkeln zu betrachten und gemeinsam nach Lösungen zu suchen. Seid geduldig miteinander und gebt euch die Möglichkeit, eure Gedanken und Gefühle in Ruhe zu sortieren.

Es ist auch wichtig, sich gegenseitig zuzuhören und die Perspektive des anderen zu verstehen. Oftmals entstehen Konflikte aus Missverständnissen oder unterschiedlichen Sichtweisen, die durch offene Kommunikation und Empathie gelöst werden können. Nehmt euch die Zeit, einander zuzuhören und die Bedürfnisse des anderen zu respektieren.

Geduld bedeutet auch, sich Zeit zu nehmen, um einander zu unterstützen und zu ermutigen. Wenn einer von euch eine schwierige Zeit durchmacht oder mit persönlichen Problemen zu kämpfen hat, ist es wichtig, geduldig zu sein und einander beizustehen. Gebt euch die Zeit, um einander zu helfen und gemeinsam Lösungen zu finden, die euch beiden helfen, gestärkt aus der Situation hervorzugehen.

Es ist auch wichtig, sich bewusst zu machen, dass Veränderungen Zeit brauchen. Wenn ihr gemeinsam an eurer Beziehung arbeitet oder euch persönlich weiterentwickeln möchtet, seid geduldig miteinander und gebt euch die Zeit, um Fortschritte zu machen. Veränderungen geschehen nicht über Nacht, sondern erfordern kontinuierliche Anstrengungen und Engagement.

Geduld bedeutet auch, sich Zeit zu nehmen, um einander zu verzeihen und zu wachsen. Niemand ist perfekt und es ist normal, Fehler zu machen oder sich zu irren. Seid geduldig miteinander und gebt euch die Möglichkeit, aus Fehlern zu lernen und gemeinsam zu wachsen. Vergebung und Geduld sind Schlüsselkomponenten für eine gesunde und starke Partnerschaft.

In schwierigen Zeiten ist es besonders wichtig, geduldig zu sein und einander zu unterstützen. Wenn ihr mit Stress, Konflikten oder anderen Herausforderungen konfrontiert seid, ist es wichtig, ruhig zu bleiben und nicht überstürzt zu handeln. Nehmt euch die Zeit, um die Situation zu analysieren und gemeinsam nach Lösungen zu suchen, die für beide Seiten akzeptabel sind.

Geduld bedeutet auch, sich Zeit zu nehmen, um einander zu schätzen und zu lieben. In einer hektischen Welt, in der oft wenig Zeit für zwischenmenschliche Beziehungen bleibt, ist es wichtig, sich bewusst Zeit füreinander zu nehmen und einander zu zeigen, wie wichtig man sich ist. Seid geduldig miteinander und gebt euch die Möglichkeit, eure Liebe und Wertschätzung füreinander zum Ausdruck zu bringen.

Insgesamt gesehen ist es wichtig, dass ihr euch immer bewusst seid, dass eine Partnerschaft Arbeit erfordert. Es ist nicht immer einfach, aber wenn ihr beide bereit seid, an eurer Beziehung zu arbeiten und euch gegenseitig zu unterstützen, könnt ihr eine tiefe und dauerhafte Bindung aufbauen.

Denkt daran, dass es normal ist, Höhen und Tiefen zu durchleben, aber das Wichtigste ist, dass ihr zusammenhaltet und gemeinsam wachst. Seid geduldig miteinander, gebt einander Liebe und Respekt, und seid bereit, Kompromisse einzugehen.

Auf diese Weise könnt ihr eine Partnerschaft aufbauen, die stark, liebevoll und erfüllend ist.

Kapitel 28: Vermeidet es, den anderen zu unterbrechen oder abzuwerten

In einer gesunden Partnerschaft ist es wichtig, dass ihr euch gegenseitig respektiert und wertschätzt. Ein wesentlicher Bestandteil davon ist es, den anderen nicht zu unterbrechen oder abzuwerten. Wenn ihr einander Raum gebt, um eure Gedanken und Gefühle auszudrücken, könnt ihr eine tiefere Verbindung aufbauen und einander besser verstehen.

Wenn ihr in einem Gespräch seid, achtet darauf, den anderen ausreden zu lassen, bevor ihr antwortet. Unterbrecht nicht, auch wenn ihr anderer Meinung seid oder euch ungeduldig fühlt. Zeigt stattdessen Interesse an dem, was euer Partner zu sagen hat, und hört aufmerksam zu. Auf diese Weise fühlt sich euer Partner gehört und respektiert, was die Basis für eine gesunde Kommunikation bildet.

Es ist auch wichtig, den anderen nicht abzuwerten oder herabzusetzen. Vermeidet es, negative oder verletzende Bemerkungen zu machen, selbst wenn ihr frustriert seid. Respektiert die Meinungen und Gefühle eures Partners, auch wenn ihr anderer Meinung seid. Versucht, konstruktiv zu kommunizieren und Lösungen zu finden, anstatt euch gegenseitig zu kritisieren.

Wenn ihr das Bedürfnis habt, eure Meinung zu äußern oder Kritik zu äußern, tut dies auf eine respektvolle und einfühlsame Weise. Vermeidet es, den anderen zu verletzen oder zu demütigen. Denkt daran, dass euer Ziel darin besteht, eine gesunde und liebevolle Beziehung aufzubauen, in der ihr euch gegenseitig unterstützt und respektiert.

Um Konflikte zu vermeiden, ist es wichtig, offen und ehrlich miteinander zu kommunizieren. Wenn euch etwas stört oder ihr Bedenken habt, sprecht darüber, anstatt es zu unterdrücken. Auf diese Weise könnt ihr Missverständnisse klären und gemeinsam Lösungen finden. Seid bereit, Kompromisse einzugehen und auf die Bedürfnisse und Wünsche eures Partners einzugehen.

Denkt daran, dass Kommunikation der Schlüssel zu einer gesunden Partnerschaft ist. Indem ihr einander respektiert, euch gegenseitig zuhört und einfühlsam seid, könnt ihr eine tiefe und erfüllende Verbindung aufbauen. Vermeidet es, den anderen zu unterbrechen oder abzuwerten, und zeigt stattdessen Respekt und Wertschätzung füreinander.

In einer liebevollen Partnerschaft ist es wichtig, dass ihr einander Raum gebt, um individuell zu wachsen und euch weiterzuentwickeln. Unterstützt euch gegenseitig in euren Zielen und Träumen, und seid bereit, einander zu helfen, wenn es nötig ist. Indem ihr einander respektiert und unterstützt, könnt ihr eine starke und dauerhafte Beziehung aufbauen, die euch durch alle Höhen und Tiefen des Lebens trägt.

Denkt daran, dass es normal ist, in einer Partnerschaft Herausforderungen zu meistern. Seid geduldig miteinander, gebt einander Liebe und Verständnis, und seid bereit, an eurer Beziehung zu arbeiten. Kommunikation ist der Schlüssel, um Missverständnisse zu vermeiden und Konflikte konstruktiv zu lösen.

Nehmt euch Zeit, um einander zuzuhören und die Perspektive des anderen zu verstehen.

Zeigt Empathie und seid bereit, Kompromisse einzugehen, um gemeinsam Lösungen zu finden. Denkt daran, dass es normal ist, unterschiedliche Meinungen und Bedürfnisse zu haben, aber das bedeutet nicht, dass ihr nicht zusammenarbeiten könnt. Mit Respekt, Geduld und Liebe könnt ihr jede Herausforderung meistern und eure Partnerschaft stärken.

Kapitel 29: Sucht nach gemeinsamen Interessen und Aktivitäten, um die Bindung zu stärken

In einer Partnerschaft ist es wichtig, gemeinsame Interessen und Aktivitäten zu finden, die euch verbinden und eure Beziehung stärken können. Indem ihr gemeinsame Hobbys, Leidenschaften oder Ziele entdeckt, könnt ihr eine tiefere Verbindung zueinander aufbauen und eure Beziehung auf eine neue Ebene bringen. Es ist eine großartige Möglichkeit, Zeit miteinander zu verbringen, Spaß zu haben und neue Dinge gemeinsam zu er-leben.

Um gemeinsame Interessen und Aktivitäten zu entdecken, ist es wichtig, offen und neugierig zu sein. Nehmt euch Zeit, um über eure individuellen Vorlieben, Wünsche und Träume zu sprechen. Vielleicht gibt es bereits einige Dinge, die ihr beide gerne macht oder ausprobieren möchtet. Es kann auch hilfreich sein, neue Aktivitäten gemeinsam zu erkunden und zu experimentieren, um herauszufinden, was euch beiden Freude bereitet.

Ein guter Ausgangspunkt ist es, gemeinsam zu überlegen, was euch als Paar interessiert und was ihr gerne zusammen unternehmen möchtet. Vielleicht mögt ihr beide Outdoor-Aktivitäten wie Wandern, Radfahren oder Camping. Oder vielleicht seid ihr kreativ und möchtet zusammen malen, musizieren oder kochen. Es gibt unendlich viele Möglichkeiten, gemeinsame Interessen zu entdecken und zu pflegen.

Es ist auch wichtig, regelmäßig Zeit für diese gemeinsamen Aktivitäten einzuplanen. Setzt euch bewusst Termine, an denen ihr etwas zusammen unternehmt, und haltet diese Termine ein.

Es kann hilfreich sein, einen gemeinsamen Kalender zu führen oder eine Liste von Aktivitäten zu erstellen, die ihr gemeinsam machen möchtet. Auf diese Weise könnt ihr sicherstellen, dass ihr regelmäßig Zeit füreinander habt und eure Bindung stärkt.

Wenn ihr gemeinsame Interessen und Aktivitäten entdeckt habt, könnt ihr auch davon profitieren, indem ihr gemeinsam neue Fähigkeiten entwickelt und euch gegenseitig unterstützt.

Vielleicht möchtet ihr zusammen eine neue Sprache lernen, ein Instrument spielen oder an einem Sport teilnehmen. Indem ihr euch gegenseitig motiviert und unterstützt, könnt ihr eure Ziele erreichen und gemeinsam wachsen.

Darüber hinaus können gemeinsame Interessen und Aktivitäten auch dazu beitragen, Konflikte zu vermeiden und eure Kommunikation zu verbessern. Indem ihr gemeinsam Spaß habt und positive Erfahrungen teilt, könnt ihr eure Beziehung stärken und einander näherkommen. Es ist eine großartige Möglichkeit, eure Bindung zu festigen und eure Liebe füreinander zu vertiefen.

Insgesamt ist es wichtig, gemeinsame Interessen und Aktivitäten zu suchen, um die Bindung in eurer Partnerschaft zu stärken. Indem ihr Zeit miteinander verbringt, Spaß habt und neue Dinge gemeinsam erlebt, könnt ihr eine tiefere Verbindung zueinander aufbauen und eure Beziehung auf eine neue Ebene bringen. Seid offen, neugierig und bereit, gemeinsam zu wachsen und zu lernen. Mit Liebe, Respekt und Unterstützung könnt ihr jede Herausforderung meistern und eine erfüllende und langanhaltende Partnerschaft aufbauen.

Denkt daran, dass es wichtig ist, sich gegenseitig zu unterstützen, sich Raum für individuelle Entfaltung zu geben und gemeinsam an eurer Beziehung zu arbeiten. Indem ihr gemeinsame Ziele setzt, euch gegenseitig motiviert und euch füreinander da seid, könnt ihr eine tiefe Verbundenheit und ein starkes Fundament für eure Partnerschaft schaffen.

Seid dankbar füreinander, schätzt die kleinen Momente des Glücks und zeigt eure Liebe jeden Tag aufs Neue. Mit Engagement, Offenheit und Liebe könnt ihr gemeinsam jede Herausforderung meistern und eine erfüllende Partnerschaft aufbauen.

Kapitel 30: Vermeidet es, den Konflikt zu ignorieren oder zu vermeiden

In einer Partnerschaft ist es normal, dass es zu Konflikten kommt. Unterschiedliche Meinungen, Bedürfnisse und Persönlichkeiten können zu Missverständnissen und Spannungen führen. Doch anstatt den Konflikt zu ignorieren oder zu vermeiden, ist es wichtig, sich ihm aktiv zu stellen und konstruktiv damit umzugehen.

Wenn ihr einen Konflikt in eurer Partnerschaft bemerkt, ist es entscheidend, nicht wegzuschauen oder ihn zu unterdrücken. Ignorieren oder Vermeiden kann dazu führen, dass sich die Probleme nur noch verschlimmern und die Beziehung belasten. Statt-dessen solltet ihr den Mut aufbringen, den Konflikt anzusprechen und gemeinsam nach Lösungen zu suchen.

Der erste Schritt, um einen Konflikt anzugehen, ist es, offen und ehrlich miteinander zu kommunizieren. Nehmt euch Zeit, um in Ruhe über eure Gefühle, Bedenken und Standpunkte zu sprechen. Vermeidet es, in Vorwürfe zu verfallen oder den anderen zu beschuldigen. Stattdessen versucht, aus eurer eigenen Perspektive zu sprechen und eure Gefühle klar und respektvoll zu äußern.

Es ist wichtig, hinzuhören und die Perspektive des anderen zu verstehen. Zeigt Empathie und versucht, euch in die Lage des Partners zu versetzen. Fragt nach, wenn ihr etwas nicht versteht, und gebt dem anderen die Möglichkeit, seine Sichtweise zu erklären. Durch offene und respektvolle Kommunikation könnt ihr Missverständnisse klären und gemeinsam nach Lösungen suchen.

Vermeidet es, den Konflikt auf die lange Bank zu schieben oder zu hoffen, dass er von alleine verschwindet. Konflikte können sich nur lösen, wenn ihr aktiv daran arbeitet und bereit seid, KomPROmisse einzugehen. Seid offen für Veränderungen und neue Perspektiven, um gemeinsam eine Lösung zu finden, mit der beide Seiten zufrieden sind.

Es ist wichtig, den Konflikt als Chance zu sehen, an eurer Beziehung zu wachsen und euch als Paar weiterzuentwickeln. Konflikte können dazu beitragen, dass ihr euch besser kennenlernt, eure Kommunikation verbessert und eure Bindung stärkt. Nutzt die Gelegenheit, um gemeinsam an eurer Partnerschaft zu arbeiten und euch als Team zu unterstützen.

Vermeidet es, den Konflikt als etwas Negatives zu betrachten. Konflikte sind normal und können dazu beitragen, dass ihr als Paar enger zusammenrückt. Seht sie als Möglichkeit, eure Beziehung zu vertiefen und gemeinsam zu wachsen. Mit Offenheit, Respekt und Liebe könnt ihr jeden Konflikt meistern und gestärkt daraus hervorgehen.

Denkt daran, dass es normal ist, unterschiedliche Meinungen und Bedürfnisse zu haben. Das bedeutet nicht, dass ihr nicht zusammenarbeiten könnt. Im Gegenteil, durch konstruktive Konfliktlösung könnt ihr eure Beziehung stärken und gemeinsam jede Herausforderung meistern. Seid mutig, euch euren Konflikten zu stellen, und seid bereit, gemeinsam nach Lösungen zu suchen, die für beide Seiten akzeptabel sind.

Kommunikation ist der Schlüssel, um Missverständnisse zu klären und eine gemeinsame Basis zu finden. Zeigt Empathie, Respekt und Verständnis füreinander, auch wenn ihr unterschiedlicher Meinung seid. Durch das gemeinsame Überwinden von Konflikten könnt ihr eure Beziehung vertiefen und einander näherkommen. Seid offen für Kompromisse, lernt aus euren Auseinandersetzungen und wachst gemeinsam als Paar mehr und mehr zuSAMMEN!

Mit Geduld, Offenheit und dem Willen, an eurer Beziehung zu arbeiten, könnt ihr jede Herausforderung meistern und eure Partnerschaft stärken.

Kapitel 31: Seid bereit, KomPROmisse einzugehen und aufeinander zuzugehen

In einer Partnerschaft ist es unvermeidlich, dass es zu Meinungsverschiedenheiten und Konflikten kommt. Jeder von euch bringt seine eigenen Erfahrungen, Werte und Perspektiven mit in die Beziehung, was zu unterschiedlichen Ansichten und Bedürfnissen führen kann. Doch das ist völlig normal und kein Grund zur Sorge. Vielmehr bietet es die Möglichkeit, gemeinsam zu wachsen, sich weiterzuentwickeln und die Beziehung zu stärken.

Seid bereit, Kompromisse einzugehen und aufeinander zuzugehen. Das bedeutet, dass ihr euch gegenseitig respektiert, euch in die Lage des anderen versetzt und nach Lösungen sucht, die für beide Seiten akzeptabel sind. Kompromisse einzugehen erfordert Mut, Offenheit und die Bereitschaft, aufeinander zuzugehen. Es bedeutet, dass ihr euch nicht stur auf eure eigenen Standpunkte versteift, sondern bereit seid, auch die Perspektive des anderen zu verstehen und zu akzeptieren.

Um KomPROmisse einzugehen, ist es wichtig, dass ihr euch aktiv in die Kommunikation einbringt. Sprecht offen über eure Bedürfnisse, Wünsche und Sorgen. Hört einander aufmerksam zu, ohne zu unterbrechen oder zu urteilen. Zeigt Empathie und Verständnis für die Gefühle des anderen. Nur wenn ihr euch gegenseitig zuhört und respektiert, könnt ihr gemeinsam Lösungen finden, die für beide Seiten zufriedenstellend sind.

Es ist auch wichtig, dass ihr euch bewusst seid, dass Kompromisse nicht bedeuten, dass einer von euch auf seine Bedürfnisse verzichten muss, während der andere alles bekommt, was er will. Vielmehr geht es darum, einen Mittelweg zu finden, der beiden gerecht wird. Das erfordert manchmal, dass ihr euch von starren Vorstellungen und Erwartungen löst und offen seid für neue Ideen und Lösungsansätze.

Seid auch bereit, aufeinander zuzugehen. Das bedeutet, dass ihr euch aktiv darum bemüht, eure Beziehung zu stärken und Konflikte konstruktiv zu lösen. Geht aufeinander zu, statt euch voneinander zu entfernen.

Zeigt eure Liebe und Wertschätzung füreinander, auch in schwierigen Zeiten. Seid bereit, euch zu öffnen, eure Gefühle zu teilen und einander zu unterstützen.

Um aufeinander zuzugehen, ist es wichtig, dass ihr euch Zeit füreinander nehmt und euch bewusst macht, wie wichtig eure Beziehung für euch ist. Plant gemeinsame Aktivitäten, sprecht über eure Träume und Ziele und zeigt einander, dass ihr füreinander da seid. Seid einfühlsam und geduldig miteinander, auch wenn es mal schwierig wird. Nur wenn ihr euch gegenseitig unterstützt und aufeinander zugeht, könnt ihr eine tiefe und erfüllende Partnerschaft aufbauen.

Denkt daran, dass Kompromisse und das Aufeinanderzugehen keine Einbahnstraße sind. Es erfordert die Bereitschaft von beiden Seiten, sich einzubringen und an der Beziehung zu arbeiten.

Seid geduldig miteinander, gebt einander Raum für persönliches Wachstum und unterstützt euch gegenseitig in euren individuellen Zielen und Träumen. Respektiert die Grenzen und Bedürfnisse des anderen und seid bereit, Kompromisse einzugehen, um eine harmonische Balance in eurer Partnerschaft zu finden.

Denkt daran, dass eine gesunde Beziehung auf gegenseitigem Respekt, Vertrauen und Liebe basiert. Seid achtsam im Umgang miteinander, zeigt Wertschätzung für die Einzigartigkeit des anderen und arbeitet gemeinsam daran, eure Beziehung zu vertiefen und zu festigen.

Mit gegenseitigem Engagement, Verständnis und Liebe könnt ihr gemeinsam jede Herausforderung meistern und eine erfüllende Partnerschaft aufbauen.

Kapitel 32: "Sucht bei Bedarf professionelle Hilfe, um den Konflikt zu lösen"

In einer Partnerschaft kann es vorkommen, dass Konflikte und Probleme auftreten, die schwer alleine zu lösen sind. Das ist weder ein Weltuntergang noch muss man sich schämen!

Manchmal reichen Gespräche und Kompromisse einfach nicht aus, um eine tiefgreifende Veränderung herbeizuführen. In solchen Situationen ist es wichtig, sich einzugestehen, dass professionelle Hilfe notwendig sein kann, um den Konflikt zu lösen und die Beziehung zu retten!

Wenn ihr das Gefühl habt, dass ihr in eurer Partnerschaft festgefahren seid und keine Lösung für eure Probleme findet, solltet ihr in Betracht ziehen, professionelle Unterstützung in Anspruch zu nehmen. Hier kann ich euch als Paartherapeut und Coach, mit **über 30 Jahren Praxiserfahrung** dabei helfen, eure Kommunikation zu verbessern, Konflikte zu lösen und neue Wege zu finden, um eure Beziehung zu stärken!

Gerne könnt ihr für ein unverbindliches und 100% kostenloses Vorgespräch hier einen Termin buchen, der vollkommen unverbindlich ist, denn manchmal braucht es überhaupt kein Paarcoaching, sondern ist mit ein paar kleinen Stellschrauben erledigt! Aber bitte daran denken: „Manchmal"

Wenn ihr jedoch wirklich Hilfe braucht, um eure Liebe zu retten, weil ihr tief in euch spürt, dass ihr euch nicht trennen, sondern miteinander leben und wachsen wollt, dann solltet ihr ebenso wenig zögern und ganz einfach den ersten Schritt machen und ein Paarcoaching ernsthaft in Betracht ziehen!

Hierfür scannt einfach den QR-Code mit dem Handy oder gebt die Internetadresse in euren Browser ein!

https://www.akademie-fsl.de/termin-prof-paar-therapie/

Und der erste Schritt, professionelle Hilfe in Anspruch zu nehmen, ist es, gemeinsam zu erkennen, dass eure Beziehung Unterstützung benötigt.

Klar, machen wir uns nichts vor, es erfordert sicherlich eine Portion Mut und Offenheit, sich einzugestehen, dass man allein nicht weiterkommt und externe Hilfe notwendig ist.

Aber ich darf euch an dieser Stelle auch die motivierende Info mitgeben, dass ihr bei mir nicht an einer 0815-Stelle für Paartherapie seid, sondern die Paare, die bei mir in der Paartherapie waren, anschließend eine Beziehung erlebet haben und noch erleben, die von ungeahnter tiefer Liebe und einer unglaublichen Erfüllung geprägt ist!

Hört sich das gut an?

Sicherlich! Aber ich sag euch auch hier ganz deutlich, dass man für so etwas an sich ein Stück arbeiten und offen sein muss für Entwicklung und Veränderung!

Bisher sind alle Paare mehr als glücklich aus dem Paar-Coaching rausgegangen und unheimlich dankbar, dass ich mit ihnen diesen Weg der Entfaltung einer spür- und sichtbar einzigartigen Liebe gegangen bin!

Wollt ihr das auch?

Dann holt euch euer 100% kostenloses Vorgespräch, und wir schauen gemeinsam, ob ein Paar-Coaching für euch in Frage kommt, und ob auch ich diesen Weg mit euch gehen will und kann!

https://www.akademie-fsl.de/termin-prof-paar-therapie/

Es ist wichtig, sich gegenseitig zu unterstützen und gemeinsam den Entschluss zu fassen, professionelle Unterstützung anzunehmen. Wenn nur eine/r will, nützt alles nichts!

Wenn ihr euch dazu entschieden habt, professionelle Hilfe in Anspruch zu nehmen, ist es wichtig, dass ihr auch Nägel mit Köpfen macht!

Bei mir gibt es feste Termine, alle Termine finden per Zoom-Call, also online statt, und dauern in der Regel zwischen 1 bis 2 Stunden. 26 Termine müsst ihr für eine Partnerschaft mit Fundament und tiefer blühender Liebe, mit festem Vertrauen und Hingabe, Glück und Lebensfreude, einplanen! Und was es kostet sprechen wir dann drüber, wenn die Chemie zwischen uns stimmt, denn das ist natürlich eine Grundvoraussetzung!

Vereinbart am besten noch heute einen Termin und nehmt euch die Zeit, um offen über eure Probleme und Bedürfnisse zu sprechen. Mein Versprechen: Ich bin für euch da und in einem gebuchten Paar-Coaching auch für Notfälle erreichbar, im Fall mal ein Konflikt gerade eskaliert und ihr gerade nicht zueinander findet!

OK?!

Während der Paartherapie ist es wichtig, ehrlich und offen über eure Gefühle, Ängste und Wünsche zu sprechen. Ich unterstütze euch dabei, eure Kommunikation zu verbessern, Konflikte zu identifizieren (wo diese überhaupt herkommen, denn die meisten wissen das überhaupt nicht und sind ein Leben lang ferngesteuert) und gemeinsam Lösungswege zu erarbeiten.

Seid ihr bereit, euch auf den Prozess einzulassen und Veränderungen geschehen zu lassen, die NOTwendig sind, um eure Beziehung und Liebe zu verbessern und/oder zu retten?

Professionelle Hilfe kann euch dabei unterstützen, eure Beziehzu retten, alte Muster zu durchbrechen und neue Wege der Kommunikation und des Miteinanders zu finden. Es ist wichtig, geduldig zu sein und den Prozess der Paartherapie Zeit zu geben, um nachhaltige Veränderungen herbeizuführen. Seid offen für Feedback und Anregungen von mir und setzt das Gelernte aktiv in eurem Alltag um. Dann werden auch eure Ergebnisse, FÜT eure Partnerschaft unglaublich gut und vor allen Dingen wirklich schön sein!

Denkt daran, dass professionelle Hilfe keine Schwäche ist, sondern ein Zeichen von Stärke und Engagement für eure Beziehung. Es zeigt, dass ihr bereit seid, an euch und an eurer Partnerschaft zu arbeiten und euch gemeinsam weiterzuentwickeln.

Nutzt meine Unterstützung, um eure Beziehung zu stärken und eine erfüllende Partnerschaft aufzubauen. Kaum einer glaubt zu Beginn, was in einer Partnerschaft für ein wundervolles, gemeinsames Leben stecken kann, man entdecken kann, bis auch ihr es findet!

In der Paartherapie werdet ihr lernen, Konflikte konstruktiv zu lösen, Kommunikationsmuster zu verbessern und eure Beziehung extrem zu stärken. Hierbei unterstütze ich euch, eure Bedürfnisse und Wünsche klar zu kommunizieren, Konflikte konstruktiv anzugehen und gemeinsam die besten Lösungen zu finden.

Durch die Paartherapie werdet ihr garantiert neue Perspektiven gewinnen, eure Kommunikation unfassbar vertiefen und eure Verbindung zueinander stärken. Seid offen für Veränderungen, reflektiert eure eigenen Verhaltensweisen und seid bereit, an euch selbst und eurer Beziehung zu arbeiten.

Ihr könnt eure Beziehung auf ein neues Level heben und gemeinsam eine erfüllende und harmonische Partnerschaft aufbauen und erleben!

Nutzt jetzt diese einmalige Chance!

 Zertifizierte & ganzheitliche Ausbildungen

https://www.akademie-fsl.de/uebersicht-life-ausbildungen/

 Home

https://www.akademie-fsl.de/

Kontakt: info@akademie-fsl.de

Kapitel 33: Abschluss und Zusammenfassung

Ihr Lieben!

Ich möchte diesen besonderen Moment nutzen, um gemeinsam mit euch auf die Reise zurückzublicken, die wir in den vorherigen Kapiteln gemeinsam unternommen haben.

Vielleicht war es für euch, wie schon für viele andere, eine Reise voller Erkenntnisse, Herausforderungen und persönlichem Wachstum, und ich bin dankbar, dass ich sie bisher still mit euch teilen durfte, denn noch hatten wir ja keinen Kontakt, vermutlich!

Lasst uns einmal die wichtigsten Lektionen und Erkenntnisse zusammenfassen, die ihr vielleicht auf unserem Weg gelernt habt.

Ihr habt gelernt, dass Selbstreflexion und Selbstakzeptanz der Schlüssel ist, zu persönlichem Wachstum und innerer Stärke. Indem ihr euch selbst besser versteht und annehmt, könnt ihr auch eure Beziehung zueinander verbessern und eine tiefere Verbindung gegenseitig aufbauen.

Ihr habt gelernt, dass es wichtig ist, achtsam mit seinen Gedanken, Worten und Handlungen umzugehen. Durch Achtsamkeit könnt ihr negative Denkmuster erkennen und verändern, euch bewusst für positive Gedanken und Handlungen entscheiden und so ein erfüllteres und glücklicheres Leben führen.

Ihr habt gelernt, dass es in Beziehungen wichtig ist, offen und ehrlich miteinander zu kommunizieren. Nur durch offene Kommunikation können Missverständnisse geklärt, Konflikte gelöst und eine tiefe Verbindung aufgebaut werden.

Ihr habt gelernt, dass es in Beziehungen auch wichtig ist, KomPROmisse einzugehen und den anderen respektvoll und liebevoll zu behandeln.

Ihr habt gelernt, dass es in Beziehungen wichtig ist, sich gegenseitig zu unterstützen, Raum für persönliches Wachstum zu geben und gemeinsam an einer harmonischen Partnerschaft zu arbeiten.

Ihr habt hoffentlich gelernt und/oder erkannt, dass es in Beziehungen wichtig ist, sich Zeit füreinander zu nehmen, gemeinsame Erlebnisse zu teilen und die Liebe und Verbundenheit zueinander zu pflegen.

Ihr habt gelernt, dass es in Beziehungen wichtig ist, sich gegenseitig zu vertrauen, sich aufeinander verlassen zu können und gemeinsam durch Höhen und Tiefen zu gehen.

Ihr habt gelernt, dass es in Beziehungen wichtig ist, sich gegenseitig zu respektieren, die Einzigartigkeit des anderen anzuerkennen und gemeinsam an einer erfüllenden Partnerschaft zu arbeiten, und hoffentlich noch vieles mehr!

Ich hoffe, dass ihr aus diesen Inspirationen und Erkenntnissen Inspiration und Motivation schöpfen könnt und/oder auch geschöpft habt, um euer eigenes Leben und eure Beziehungen zu bereichern und zu vertiefen.

Ich möchte euch ermutigen, die Erkenntnisse und Lektionen, die die ihr gemeinsam und auch jeder für sich gelernt habt/hat, in eurem eigenen Leben anwendet, um so zu einem erfüllteren und glücklicheren Leben zu gelangen.

Ich bedanke mich bei euch bis hierhin von Herzen, dass ich euch auf dieser Reise begleiten durfte, und wünsche euch alles Gute für eure persönliche Weiterentwicklung und eure Partnerschaft!

Und vielleicht ergreift ihr ja die Chance und wir sehen uns in einem Paar-Coaching!

Herzlichen Grüße und alles Liebe!
Euer

Chris Hohlstamm von Dehnen
Ganzheitlicher Paartherapeut, professionelles Paar-Coaching

- Rezension -

Das Paar-Coaching bei Chris brachte uns neben vielen Erkenntnissen auch wieder mehr Nähe zu uns selbst und nachfolgend auch zum Partner.

Wir lernten unsere Gewohnheiten zu überprüfen; was sind unbewusst gelebte Muster, die jeder von seinen Eltern übernommen hatte und schauen immer wieder genau hin, was bleibt, wenn wir diese Muster nicht mehr unbewusst wirken lassen, wenn wir ganz bewusst auf unser Herz hören, um dann unseren eignen Kern – unsere Essenz - wahrzunehmen, um ihr zu folgen.

Durch diese Ehrlichkeit zu uns selbst begegnen wir auch unserem Partner mit mehr Klarheit und Wahrhaftigkeit, was wiederum die Basis unserer Beziehung stärkt. Wir sind im ständigen Austausch, reden wieder über unsere Gefühle und Bedürfnisse; sind aufmerksamer, entspannter und liebevoller mit uns selbst und folglich im Umgang miteinander.

Chris zeigte uns unmissverständlich, dass wir die Verantwortung für das Gelingen unserer Beziehung nicht dem anderen übergeben können, sondern jeder für sich selbst in der Verantwortung steht. Es bedarf einzig und allein einer bewussten Entscheidung, das Steuer wieder selbst in die Hand zu nehmen und den Kurs einer glücklichen Beziehung zu nehmen – und das nicht nur einmal, sondern immer und immer wieder.

In anfänglichen Krisenmomenten des Coachings – alte Muster waren noch besonders aktiv – war Chris dankenswerterweise stets erreichbar und führte uns konsequent aus für uns scheinbar unlösbaren Situationen und schließlich wieder zusammen. Wir schätzen an Chris seine direkte – wenn auch nicht immer angenehme, jedoch zielführende Art. Haarscharf analysiert und benennt er alte Muster und provoziert die Lösung in uns.

Wir haben nicht nur viel über uns selbst und unseren Partner gelernt, sondern eine ganz andere Ebene der Beziehungsfähigkeit erreicht. Wir danken dir, Chris, von ganzem Herzen und wünschen vielen Paaren diese erhebende Erfahrung durch Dich!

Andrea & Steffen 2024

_____

Liebe Andrea, lieber Steffen!

Ich danke euch für diese wundervolle Zeit der neuen Entwicklung und Entdeckung eurer wunderschönen Liebe, und, dass ich diese Zeit mit euch erleben durfte! Ihr seid tolle Herz-Menschen und Seelen! Danke!

Ganz herzliche Grüße und alles LIEBE und Gute!
Euer Chris